습관은 반드시 실천할 때 만들어 집니다.

좋은습관연구소가 제안하는 28번째 습관은 일상 인문학 습관입니다. 여러 사람과 함께 책을 읽는 행위는 인문학 공부를 하는 가장 기초적인 활동입니다. 인문학이 무엇인지 정의 내리는 것은 다소 어려운 일이고 사람마다도 다르겠지만, 책을 읽고 토론하고 나아가 글을 쓰는 것이 인문학 공부가 아님을 부정하는 사람은 없습니다. 여기에 자신을 탐구하고 타인을 이해하고, 우리 사회를 바꾸려는 노력을 다하는 것 또한 넓은 의미의 인문학입니다. 이 책은 누구나 일상에서 인문학 공부를 습관처럼 할 수 있다는 사실을 보여줍니다. 그 방법은 독서를 기초로 해서 그림을 그리고, 산책을 하고, 여행을 가고, 달리기를 하는 등 무척 다양합니다. 대학의 상아탑에 있는 학자들만 인문학을 하는 것은 아닙니다. 누구나 할 수 있고 해야 하는 것이 인문학 공부입니다.

# 내 안의 거인을 깨우는

# 일상 인문학 습관

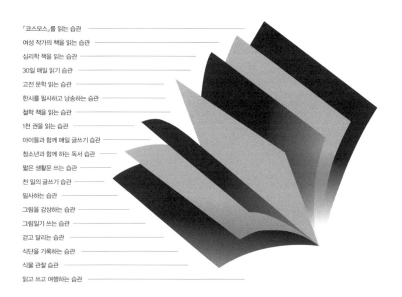

『코스모스』를 읽는 습관 ────────────
여성 작가의 책을 읽는 습관 ───────
심리학 책을 읽는 습관 ──────────
30일 매일 읽기 습관 ──────────
고전 문학 읽는 습관 ────────
한시를 필사하고 낭송하는 습관 ───────
철학 책을 읽는 습관 ─────
1천 권을 읽는 습관 ───────
아이들과 함께 매일 글쓰기 습관 ──────
청소년과 함께 하는 독서 습관 ────
짧은 생활문 쓰는 습관 ──────
천 일의 글쓰기 습관 ───────
필사하는 습관
그림을 감상하는 습관 ─────
그림일기 쓰는 습관 ──────
걷고 달리는 습관 ─────
식단을 기록하는 습관 ──────
식물 관찰 습관 ────
읽고 쓰고 여행하는 습관 ──

## 인문학과 친해지는 19가지 방법

### 숭례문학당 리더 19인 지음

좋은습관연구소

# 나와 우리의 성장

숭례문을 바라보고 있는 서울특별시 중구 세종대로 27의 8층
짜리 작고 세모진 건물에는 주식회사 '행복한상상'이 운영하는
독서공동체, 숭례문학당이 자리하고 있습니다. 인문학과 예술
을 공부하는 평생 학습 공간이기도 한 이곳은 지난 2006년 12
월 저를 포함해 세 사람의 창업 주주가 모여 "말과 글로 삶과
세상을 제대로 읽고 쓰고 상상하자"라며 만들었습니다. 말 그
대로 행복한 상상을 꿈꿨습니다. 햇수로 벌써 16년이 흘렀으
니 아마도 이 분야 사업으로는 가장 오랜 역사를 지니고 있지
않을까 생각합니다.

　말과 글이 핵심 과업이었기 때문에 처음부터 내세운 깃발도
읽기, 쓰기, 말하기 세 가지였습니다. 우리는 이를 영문 이니셜
R(reading), W(writing), S(speech)로 요약해 'RWS Institute'라는 브

랜드를 만들었습니다. 홈페이지 도메인도 rws.kr로 정했습니다. 지금도 이메일 주소는 @rws.kr로 쓰고 있습니다. 이 RWS Institute가 지금의 숭례문학당입니다(이후 도메인 주소는 shdang.kr로 바뀌었습니다). 처음 브랜딩을 한 'RWS'가 너무 기능적이고 영어 학원 같다는 지적을 받아들이고, 입주한 사무실에서 숭례문이 잘 보인다는 점에 착안해 '숭례문학당'이라고 고쳐 부르기 시작해 지금에 이르렀습니다.

저는 창업 주주의 한 사람이었지만 회사를 설립하고 초기 4년 정도 함께 일을 하다 중도에 그만뒀습니다. 이유는 '벌이' 때문이었습니다. 말과 글로 삶과 세상을 읽고 상상하며 쓰는 일이란 아주 예외적인 경우를 제외하고 예나 지금이나 시쳇말로 돈이 되지 않습니다. 문제는 큰 벌이는 고사하고 적은 벌이조차 안 될 때입니다. 이런 상황에서도 사업을 계속하려면 자신을 향한 엄청난 동기부여와 노력이 필요합니다. 그리고 남모르는 숱한 번민도 견뎌야 합니다. 물론 세상에는 좋아한다는 이유만으로 또는 사명감 하나만으로 생계를 잇기 어려운 적은 수입에도 즐거이 계속하는 사람들이 있습니다. 존경할 만한 사람들입니다. 결과적으로 저는 그런 사람이 되지 못했습니다. 한 여자의 남편이자 초등학교와 중학교에 다니는 두 아이의 아버지로 살아가는, 한 사람의 실낱 같은 벌이에 온 가족의 생계를 달고 사는 평범한 가정의 가장일 뿐이었습니다.

저는 '세상은 넓고 할 일은 많다'며 전 세계를 종횡무진 누비고 다니던 대우그룹의 한 전자디스플레이 계열사에서 직장생활을 시작했습니다. 대우가 무너질 때까지 13년을 다녔습니다. 그후 다니던 회사에서 출자한 벤처사업에 참여해 마지막 문을 닫을 때까지 4년을 버티다, 다시 범 현대가의 한 종합 무역 회사에 들어가 직장생활을 이어갔습니다.

숭례문학당은 그 무렵에 시작되었습니다. 새로 들어간 직장에서 안정을 찾지 못하던 시기였습니다. 이른바 '대우맨'이 '현대맨'으로 변신해 살아가기란 쉽지 않았습니다. 언제 잘려 나갈지 알 수 없는 불안 속에서 새로운 꿈을 찾으려 만든 것이 숭례문학당 사업이었습니다. 직장 생활과 사업을 병행하면서, 어느 정도 안정궤도에 오르면 불안하게 다니던 직장을 그만둘 수 있겠다고 생각했습니다. 꿈과 현실을 동시에 쥐고자 한 것입니다. 하지만 양다리 걸치기란 대개 끝이 좋지 않습니다. 이도 저도 아닌, 어느 것 하나 제대로 하기 어려운 상황에 빠질 수 있습니다. 저도 그랬습니다. 그러다 직장에서 저녁 시간에 하던 글쓰기 강의를 문제 삼는 일이 일어났습니다. 직원들의 겸업 금지가 이슈로 등장하던 때였습니다. 그러다 보니 학당 일에도 온전히 집중할 수 없었습니다. 어느 하나를 분명하게 선택하지 않으면 안 되었습니다. 외곽에서 학당 사업을 지원하는 방안도 고려해보았습니다. 하지만 어정쩡하긴 마찬가지라는 생각이

들었습니다. 결국 당장의 벌이에 집중하기로 하고, 학당에는 주주로만 남기로 했습니다.

그렇게 학당을 떠나 10년이 흘렀습니다. 그사이 회사는 주식회사 '행복한상상'이라는 이름보다 '숭례문학당'이라는 브랜드로 더 잘 알려졌습니다. 1년에 한 번 세 사람의 창업 주주들이 모임을 해오면서 먼 듯 가까운 듯 학당 소식을 전해 듣기는 했지만 깊은 관심을 두지는 못했습니다. 어쩌면 애써 관심을 두지 않았던 것인지도 모르겠습니다. 그때는 학당만 생각하면 저도 모르게 가슴 한쪽이 서늘했습니다. 저에게는 잃어버린 꿈 혹은 아픈 손가락 같았다고나 할까요.

저는 먹고 사는 벌이에 열중하면서 연봉과 승진에 감정을 소비하는 평범한 직장인으로 세월을 보냈습니다. 가만 돌이켜 보면, 벌이는 평생을 따라다니며 다투던 불편한 화두였습니다. 혼자일 때도, 아내를 만나 가정을 이루고 아이들을 기를 때도, 언제나 먹고 입고 온전히 몸 누일 곳을 찾아 끝없이 헤매고 다녔습니다. 저만 그런 것은 아닐 겁니다. 이 땅에서 살아가는 대부분 사람들이 그랬고, 앞으로도 그럴 것입니다.

정년을 두 해 정도 남기고, 만 34년의 직장 생활을 마감했습니다. 속셈을 해 보니 더 이상 벌이에 목을 매지 않아도 될 것 같고, 두 아이도 다 커서 저 하고 싶은 일을 하고 있었습니다. 벌이와의 다툼을 더 이상 하지 않아도 된다는 것, 그 하나만으로도 좋았습니다. 정말 행복했습니다. 하지만 이런 행복감은 오래 가지 않았습니다. 우선, 잠이 잘 오지 않았습니다. 회사 다닐 때는 평소 5시 30분이면 잠에서 깼는데, 직장과의 거리가 좀 있어서 제때 출근하려면 6시에는 집을 나서야 했습니다. 그러니 아침 시간은 언제나 빠듯했습니다. 이런 생활이 몸에 배어 있어서인지 직장을 그만뒀음에도 일어나는 시간은 변하지 않았습니다. 시계 알람은 꺼졌지만 몸의 알람은 멈추지 않고 있었습니다. 늘 잠이 모자라 은퇴하면 잠만은 충분히 자겠구나 생각하던 것과는 너무나 달랐습니다. 게다가 일찍 일어나도 딱히 할 일이 없었습니다. 혼자 깨어 아무도 없는 거실을 서성이다 보면 문득 막막함이 밀려왔습니다. 시간이 무진장 널려 있는 사막 한가운데에 혼자 두리번거리며 서 있는 기분이랄까요. 눈만 뜬 채 어두운 천장을 멀뚱히 바라보고 있는 날도 있었습니다. 어느 날인가, 자리에서 일어나는데 몸 한쪽을 지탱하고 있던 끈이 툭 끊어지는 듯한 느낌이 들었습니다.

공황감이 찾아온 건 그때부터가 아닌가 싶습니다. 까닭 없이 가슴에 압박감이 오고 호흡이 빨라지는 순간이 잦았습니다. 제가 추위를 잘 타는데, 느닷없는 열기에 온 몸이 화끈거리기도 했습니다. 공황감은 곧 공포감을 불렀습니다. 꿈속 깊은 수렁에서 겨우 빠져나오는 듯 허우적거리다 몸부림을 치며 깰 때도 있었습니다. 그런 날은 아내가 웬 땀을 그렇게 흘리느냐고 걱

8

정 섞인 말을 건네기도 했습니다. 새벽마다 일어나 가던 곳이 없어졌다는 것, 34년 동안 해오던 출근 습관을 지워야 한다는 것, 단지 그것뿐이었지만 그게 그렇게 간단치가 않았습니다.

아마 저처럼 은퇴를 막 한 분들이거나 조금 이른 은퇴를 한 분들이라면 공감이 가는 상황이 아닐까 생각해봅니다. 늘 팽팽하게 유지하던 삶의 긴장감이 어느 날 문득 툭 끊어지고, 생의 이유를 빼앗긴 듯한 상실감, 그래서 아무것도 없는 빈들이나 망망대해 앞에 홀로 버려진 듯한 공포감 같은 것 말입니다. (이 책에도 이런 비슷한 경험을 갖고서 책을 만나고 인문학을 공부하게 된 분들의 이야기가 나옵니다.)

이런 막막함은 젊은 시절 대학을 막 졸업하던 무렵에도 있었습니다. 그때도 무엇을 해야 할지 갈피를 잡지 못했습니다. 학교 다닐 때만 해도 계획은 소설을 쓰고 소설가가 되는 것이었습니다. 대학에 있는 동안 등단을 하고 대학을 나와서는 작품 쓰기에만 전념하자는 것이 저의 인생 설계였습니다. 하지만 계획대로 흘러가지 않는 게 인생이라고, 대학 졸업 때까지 등단의 꿈을 이루지 못했습니다. 그나마 수확이라면 학교에서 주최하는 전국 대학 문예상 공모에서 상을 받은 게 전부였습니다. 그때 심사를 맡았던 분이 유기룡(『영원한 제국』을 쓴 소설가 이인화의 부친으로 이인화의 본명이 유철균이다) 교수였는데, 심사가 있은 후 저를 따로 불러서는 "쓰다가 막히면 한 번씩 와" 하고 격려해

주셨습니다. 저에게는 엄청난 자극이었습니다. 저는 교수님 수업의 교재 한쪽 페이지를 접어 "목숨 걸고 쓴다"라고 써 놓고, 소설가의 길에서 죽겠노라 다짐했습니다. 하지만 그후 교수님의 방을 다시 찾아가는 일도, 글쓰기에 제 목을 거는 일도 일어나지 않았습니다. 소설가의 길에서 죽기는커녕 그 길의 문턱에도 이르지 못했습니다.

대학을 마치면서 제 앞에 놓인 길은 두 가지였습니다. 애초에 꿈꾼 대로 글 쓰는 일에 매진하거나, 직장을 구하거나 둘 중 하나였습니다. 사실 무엇인가 선택할 수 있다는 것은 어느 정도 여유가 있다는 뜻입니다. 다른 말로 하자면 절실하지 않았다는 얘기이기도 합니다. 어느 쪽이 되었든 남은 선택지가 있으면 자신의 전부를 걸지 않게 되고 종국에는 실패를 맞습니다. 저도 예외는 아니었습니다.

첫 선택을 글 쓰는 쪽으로 정했습니다. 글로 일가를 이루고 나면 그것으로 생업 또한 이어갈 수 있으리라는 심산이었습니다. 글밥을 먹고 살겠다는, 좋아하고 하고 싶은 일로 벌이를 감당하겠다는, 정말 야무진 생각이었습니다. 그러자면 등단부터 해야 했습니다. 지금은 꼭 그렇진 않습니다만 그때는 그게 글밥을 먹는 유일한 길이라 믿었습니다. 글쓰기에 필요하다는 명목으로 타자기를 대신할 수 있는 컴퓨터 한 대와 프린트기를 들여놓았습니다. 여섯 살 터울의 형이 돈을 대주었습니다. 그리고 양팔을 벌리면 양 손끝이 닿을 정도의 작은 앉은뱅이 책상과 탁상 전등 한 개도 새로 장만했습니다. 책상과 전등은 어머니가 마련해 주었습니다. 어머니는 제가 무슨 일을 하든 믿고 밀어주는 분이었습니다. 원고지에 글을 쓰고 있을 때는 시장 문구점에서 200자 원고지 한 보따리를 사다 준 적도 있습니다. 자그마한 몸으로 두 팔 가득 원고 뭉치를 안고 와 제 방문 앞에 턱 놓을 때의 어머니 모습은 아직도 잊혀지지 않습니다. 제가 갖고 있는 어머니에 대한 가장 눈부신 기억 중 하나입니다.

그렇게 글쓰기를 시작하고 저는 칩거에 들어갔습니다. 방 밖으로 한 발자국도 나오지 않으면서 책을 보고, 글을 쓰며, 무한정 시간을 죽이고 지냈습니다. 글을 쓴다는 핑계로 밤낮을 거꾸로 살다 보니 생체 리듬은 정반대가 되었습니다. 아침 무렵 잠들어서는 오후 늦게 일어나는 패턴이 반복되었습니다. 그렇다고 글이 잘 써지는 것도 아니었습니다. 대신 읽기만 했습니다. 그때 탐독했던 책이 김윤식 교수가 쓴『한국근대문예비평사연구』였습니다. 비평 원문은 주로 김시태 시인의 편찬으로 묶은『식민지 시대의 비평문학』을 보았습니다. 소설을 쓰고자 하면서 왜 비평사와 비평문에 관심을 가졌는지 모르겠습니다. 김윤식 교수가 훗날 "글쓰기 방식의 규칙을 찾아내는 것. 그것 때문에 사나이는 밤낮 서재에서 곰처럼 헤매고, 강아지 모

11

양 보채고, 사자 모양 낮잠을 잤던 것이 아니었던가"라고 어느 책(김윤식 선집 6, 『은행나무의 회상』)에서 회고했는데, 저 역시도 글쓰기의 비법을 알아내고자 이리저리 헤매고 뒤척였던 것 같습니다.

그러나 그리 오래지 않아 깨달았습니다. 평생 글밥을 먹고 살겠다는 생각이 얼마나 가당찮은 것이었는지. 사실 깨달았다기보다는 도저히 해내지 못할 일이라는 두려움이 온몸을 짓눌렀습니다. 푸르스름한 워드 프로세스 화면을 띄워 놓고 끊임없이 깜박이는 커서를 보고 있자면 속이 다 메스꺼웠고, 밤새 자판에 손도 대지 못하거나, 스페이스 바와 마침표만 누르다 날이 밝기도 했습니다. 어느 새벽녘인가는 도저히 견디지 못해 대문 밖을 뛰쳐나가 뜀박질을 했습니다. 새벽달이 유난히 밝았던 것으로 기억합니다. 숨이 턱에 차도록 땀을 뻘뻘 흘리며 동네 한 바퀴를 다 돌았습니다. 뜻밖에도 무척 상쾌했습니다. 살 것 같았습니다. 그 길로 돌아와 제 방문 앞에 섰는데, 방으로 들어갈 용기가 나지 않았습니다. 아니, 들어가고 싶지가 않았습니다. 저 방을 나와야겠다, 저도 모르게 그런 입속말이 새어 나왔습니다.

그날 이후, 저는 집을 떠나 직장을 구했고 그렇게 34년이 훌쩍 지났습니다. 중도에 몇 번인가 외도하듯 책과 글쓰기의 열병에 시달린 적도 있습니다. 하지만 잠시뿐이었습니다. 나중에 숭례문학당처럼 말과 글을 사업화하고 이를 평생의 업(業)으로 삼자는 발상도 그런 열병의 한 줄기였던 것 같습니다. 지난 34년을 돌이켜 보면 그나마 제 인생에 어떤 성과가 있었다면, 그건 순전히 벌이의 시간을 무사히 잘 견딘 것뿐이었습니다.

퇴직도 했으니 이제 그 벌이를 멈춰도 될 시기가 왔지만, 저는 평안함과 평온함 대신 왠지 모를 갑갑함에 사로잡혀 잠을 이루지 못하고 있었습니다. 사실 어렴풋이 알고는 있었습니다. 출근할 곳이 없어진 공허감 때문에, 딱히 할 일이 없어진 지루함 때문이 아니라 오랫동안 하고 싶었고 한때는 간절히 바랐던 그 일이 다시 열병이 되어 찾아온 것을요. 책 속에 몸을 묻고, 남은 생애 천천히 글쓰기에 몰두하고 싶다고. 가지 못했던 길, 말과 글로 삶과 세상을 읽고 상상하며 쓰기로 했던 그 길, 학당으로 다시 돌아갈 때가 되었구나, 하는 것을 말입니다.

하지만 쉽게 결정은 못했습니다. 너무 늦었다는 생각이 앞섰습니다. 이제 와서 글을 쓴들 무슨 소용이 있나 싶은 생각도 들었습니다. 하지만 이내 생각은 바뀌었습니다. 무슨 소용이 있어야만 하는가, 소용에 닿지 않으면 아무 의미도 없는 일인가, 우리가 살아가는 일이 쓰임이 있고 없고에 달려 있다면 얼마나 슬픈 일인가, 쓰임의 유용함과 무용함을 가려 아래위를 나누고 살 것과 죽을 것을 구분하는 일은 또 얼마나 잔인한 일인가. 이렇게 생각이 바뀌자 학당으로 돌아오는 발걸음이 가벼워졌습니다.

학당으로 다시 출근하던 날, 저는 일기에 이렇게 적었습니다. "숭례문학당 출근 첫날. 낯익지만 낯선 곳. 이 공간의 빛과 공기와 냄새에 익숙해지고, 한없이 낮아지려 한다. 지난 세월 만 34년 동안 매일 아침 일어나 출근을 했다. 출근을 중단하지 않고 계속하기로 했다. 다만, 지금부터는 내가 하고 싶은 일, 내 오랜 꿈에만 복무하고자 한다. 푸르렀던 시절 꿈꾸었던 것들에 온전히 나를 맡기자."

다시 돌아온 학당은 많은 것이 바뀌어 있었습니다. 저는 제 몫의 일을 감당하기 위해 학당 안에 '말글연구소'를 만들었습니다. 저 또한 부족한 공부를 이어가고, 학당 안에서 함께 그 공부를 나누고 싶었습니다. 이름도 '배윤'이란 필명을 따로 하나 지었습니다. 말과 글은 '윤'을 내듯 계속 다듬고 퇴고하는 가운데 조금씩 나아진다는 믿음을 이름에 넣은 것입니다.

이 책은 숭례문학당 강사와 리더 선생님들이 모임을 만들고 함께 공부하는 습관을 기록한 에세이 모음이자 '나와 우리의 성장'을 담은 이야기입니다. 혼자서는 할 수 없었거나 좌절했던 인문학 공부를 여럿이 함께 모여 도전하고, 매일 인문학의 가르침을 실천하는 습관 만들기를 통해 느리지만 부단히 한 발 한 발 앞으로 나아가는 이야기를 담았습니다. 여기에 글을 올린 분들은 각자에게 닥친 현실의 여러 문제를 책과 글쓰기 혹은 자신만의 인문학 소양으로 풀고자 노력한 분들입니다. 저는 외도했을지 모르지만 이분들은 꾸준한 노력과 공부로 각자의 방식대로 행복한 인문학 일상을 꾸려나가고 있습니다.

아침 일찍 일어나 걷고 달리고, 몸에 맞는 음식을 고르고 정성 들여 꽃을 가꾸고, 매일 책을 읽거나 그림을 보고, 좋은 글을 만나면 발췌를 하거나 필사를 하며, 느낀 점을 공유하고 글을 씁니다. 이런 일상의 작은 습관으로 자신을 성장시키고, 타인을 이해하며 더 나은 사회를 만드는데 기여하고 있습니다.

지난 봄과 여름 동안 원고에 매달려 수고한 작가분들에게 고마움을 전합니다. 세속의 성공이 아니라 사람 공부, 자신을 성찰하고 세상을 변화시키는 공부에 몰두하는 모든 학인들에게 경의를 보냅니다. 저도 이제 '가고 싶었으나 가지 못했던 길, 그래서 다시 가는 길'을 여러분과 함께 걷고자 합니다. 나를 성장시키는 일상 인문학 습관, 함께 걸으면 멀리 갈 수 있습니다.

2023년 1월
엮은이 | 배 윤 숭례문학당 말글연구소장

# 차례

# 내 인생에 무늬를 새긴다

## 『코스모스』를 읽는 습관

장정윤

장정윤: 경영학 박사 수료 후 전략컨설팅을 하다 책에 매료되었습니다. 책에서 삶을 배우고, 토론으로 소통하고, 글을 쓰며 정신을 다듬어갑니다. 영혼을 다시 일으켜 세운 인생 책 칼 세이건의『코스모스』읽기를 전파하고 있습니다. 국공립 도서관, 각급 학교, 교사 연수, 지자체, 기업체 등에서 독서 토론 및 글쓰기 강의를 하고 있습니다. 숭례문학당에서『코스모스』『이기적 유전자』『사피엔스』『정의란 무엇인가』그리고 원서 함께 읽기로『노인과 바다』『달과 6펜스』등을 진행합니다. 공저로『질문하는 독서의 힘』이 있습니다.

"코스모스님들~ 좋은 아침입니다!" 저의 하루 일정은 온라인 카톡 모임방의 아침 인사와 함께 시작됩니다. "와~. 밤새 많은 분들이 코스모스 여행에 다녀오셨군요! 이 시간 칼 세이건과 함께 코스모스에 머물고 계신 님들의 무사 귀환도 응원합니다~."

『코스모스』 함께 읽기를 진행한 지난 4년 동안 저는 250여 명의 숭례문학당 학인들과 우주로 나아갔습니다. 외부의 도서관 모임까지 포함하면 그동안 300여 명 이상과 태양계를 탐험한 셈입니다.

첫 아이 출산 전 다니던 전략 컨설팅 회사를 그만두었습니다. 1년에 한두 번은 하게 되는 지방 상주 프로젝트, 야근과 휴일 근무가 일상인 컨설턴트의 삶을 육아와 함께 해낼 자신이 없었습니다. 불안했던 회사 상황과 제 역량에 대한 스스로의 불신도 퇴사를 부추겼습니다. 출산으로 인한 퇴사는 경력이 끊어지는 것은 물론이고, 20대를 바쳐 얻은 경영학 박사 수료증까지도 백지로 만드는 것과 같았습니다. 인생과 일에 막 시동을 걸고 달리기를 해야 할 시점에 저는 질주를 포기했습니다. 목적지로 곧게 뻗은 고속도로 대신 아이와 함께하는 오솔길을 택했습니다.

선택의 열매는 그리던 것처럼 결코 달콤하지 않았습니다. 제 보살핌으로 한 생명이 건강하게 피어나고 주변이 무탈하게 돌아는 것은 보람되고 의미 있는 일이었지만, 제 존재가 세상에서 사라져가는 듯한 느낌은 지우지 못했습니다. 가족이라는 작은 세상에 갇혀 바깥과의 연결이 끊어진 상황은 폐쇄공포증 같은 불안마저도 불러왔습니다. 급기야 죽는다는 것이 어떤 의미인지도 고민하기 시작했습니다. "과연 죽는 순간 지나온 길을 후회 없이 돌아볼 수 있을까? 미련 없이 세상과 작별할 수 있을까?" 그리고 죽음을 넘어 생의 이유를 찾기 시작했습니다. "나는 살아가면서 어떤 무늬를 그릴 것인가?" 철학자 최진석이 했던 질문을 똑같이 하기 시작했습니다. 최진석은 인간이 그리는 무늬를 '인문학'이라고 얘기했습니다. 저의 고민은 결국 인문적인 삶에 대한 고민이었습니다. '인문적인 삶'이라고 하니 무척 어려운 말 같지만, 결국 왜 살아야 하는지, 그 이유를 찾는 것이었습니다.

마흔을 얼마 남기지 않고 찾아온 질문에 대한 실마리를 우연히 펼친 신문에서 발견할 수 있었습니다. 그것은 한 피아니스트의 죽음을 다룬 기사였습니다. 110세의 나이로 타계한 최고령 홀로코스트 생존자였던 헤르츠 좀머. 그녀는 마흔 살이 되던 해에 가족과 함께 나치 수용소로 끌려갔습니다. 남편은 이내 숨을 거두었지만 좀머는 죽지 않고 살아남았습니다. 그리고 매일 밤 여섯 살 아들을 껴안고 체온을 나눌 수 있음을 감사했습니다. 그렇게 생을 잇고 이어, 전쟁도 끝나고 치열했던 삶도

저물어 가는 백세가 되었을 무렵 그녀는 다음과 같이 말했습니다.

"따뜻한 방, 읽을 책, 하루 두어 시간 걸을 수 있는 운동화, 첼리스트 아들과 함께하는 음악, 더 바랄 게 없다. 침대에 누워 창밖 나무만 봐도, 아침 새소리만 들어도 행복하다."

알리스 헤르츠 좀머는 110세에 세상과 작별했습니다. 그리고 "전쟁을 겪고 사랑하는 사람들을 잃었어도 삶은 배울 것, 즐길 것으로 가득한 아름다운 선물"이라는 생의 이유도 잊지 않고 남겼습니다. 기사를 읽던 순간 온몸을 휘감던 서늘함은 절대 잊지 못할 것입니다. 언제 닥칠지 모르는 죽음의 공포 속에서도 감사의 마음을 잃지 않은 정신력과 소소한 일상에서 행복을 느낄 줄 아는 초연함은 당시의 저를 흔들어 깨웠습니다.

'내가 아무리 힘들다 한들 수용소에 갇힌 것에 비할 수 있을까?' 좀머는 허무의 골짜기로 향하고 있던 저를 불러세웠습니다. 그녀가 말한 책과 운동화와 음악 그것이면 충분할 것 같았습니다. 그날 이후 저는 그녀처럼 음악과 운동 그리고 책을 생의 동반자로 두기 시작했습니다.

그렇게 만난 첫 번째 책이 칼 세이건의 『코스모스』입니다. 『코스모스』를 읽게 된 건 순전히 아이 때문이었습니다. 안갯속을 헤매듯 불안했던 육아의 시간, 내가 내 문제에 빠져 허우적거리고 있을 때, 아이는 어느새 일곱 살이 되어 우주를 향한 호기심을 키우고 있었습니다. 더 이상 아이의 관심사에 귀 기울이지 않으면 안 된다는 경고등은 엄마인 저에게도 우주에 관심을 두게 했고, 운명처럼 『코스모스』를 만나게 했습니다. 그렇게 만난 『코스모스』가 저의 운명 같은 책이 되다니, 학창시절 가장 자신 없던 과목이었던 과학에, 무려 700페이지에 이르는 '벽돌 책'이 '인생 책'이 되다니. 지금은 하늘의 별이 된 칼 세이건도 몰랐을 것입니다. 도서관에서 낡은 양장본으로 된 『코스모스』를 품에 안고 집으로 돌아오던 길, 머리 위로 내리쬐던 태양의 눈부심이 아직도 생생합니다.

"코스모스(Cosmos, 우주)는 과거에도 있었고 현재에도 있으며 미래에도 있을 그 모든 것이다."

『코스모스』의 첫 문장을 앞에 두면 언제나 깊은 심호흡을 하게 됩니다. 『코스모스』는 생명체의 기원부터 생명체가 발 딛고 사는 지구라는 행성과 태양과 그 너머까지를 아우르는 책입니다. 칼 세이건은 과학자가 아니라 이야기꾼이 되어 천문학 지식은 물론이고 문학과 설화 그리고 자신의 경험을 재미있게 들려줍니다. 진실을 밝히기 위한 과학자들의 뜨거운 열정과 역사적인 사건도 적절히 배치되어 있어, 읽다 보면 과학책인지 이야기책인지 모를 만큼 빠져듭니다.

"인간과 우주는 가장 근본적인 의미에서 연결되어 있다. 인류 진화의 역사에 있었던 대사건들뿐 아니라 아주 사소하고 하

24

찮은 일들까지도 따지고 보면 하나같이 우리를 둘러싼 우주의 기원에 그 뿌리가 닿아 있다. 독자들은 이 책에서 우주적 관점에서 본 인간의 본질과 만나게 될 것이다."(『코스모스』 머리말 중에서)

우주의 물질에서 우연히 생성된 DNA의 조합으로 만들어진 인간. "나(우리)는 어디에서 왔을까?"라는 칼 세이건의 질문은 저의 질문과 결코 다르지 않았습니다. 가늠조차 어려운 아득한 코스모스의 한 점일 뿐인 지구와 우주적 시간에서 찰나의 순간을 머물다 다시 별(우주)로 돌아가는 인간. 상상하기조차 어려운 영겁의 시간은 작고 나약한 존재인 나를 알게 하고 우리는 그 시간을 거쳐 다시 별이 된다는 얘기. 한없이 작고 나약한 존재이지만 한 사람 한 사람의 시간과 일생은 그의 전부이며 우주라는 메시지, 그렇기에 겸손하고 진실한 자세로 이 순간을 살아야 한다는 깨우침. 한마디로 칼 세이건은 존재의 기원에 대한 비밀의 문을 열 수 있게 도와주었습니다. 그리고 삶의 태도까지도 알려주었습니다. 그렇게 『코스모스』는 평생을 두고 읽을 첫 번째 인생책이 되었습니다.

칼 세이건의 통찰은 겸손한 우주관과 인류애적 사유의 바다에서부터 탄생했습니다. 자연의 객관적 사실을 증명하는 과학을 바탕으로 인문학적 성찰을 가능하도록 도와준 『코스모스』는 과학서로 분류되어 있지만 인문서로 읽어도 무방합니다. 그래서 삶의 무게가 버겁게 느껴질 때, 촘촘히 돌아가는 일상에서 서서히 지쳐갈 때, 불안과 허무가 침범해 올 때, 저는『코스모스』를 펼칩니다. 그러면 제 마음은 평온을 되찾습니다. 보이저 1호가 태양계를 벗어나면서 지구를 찍은 사진 속의 가냘프게 반짝이던 작은 점 그리고 그곳에 살고 있는 우리. 저는 이 사진을 볼 때마다 마음속 근심이 우주 먼지처럼 흩어지고 아침 해와 같은 희망으로 가득참을 느낍니다.

그렇게『코스모스』의 도움을 받아 고독의 깊은 어둠에서 조금씩 벗어나며 여러 분야의 책들을 탐독하기 시작했습니다. 그동안 단 한 번도 책과 친했던 적이 없던 제가 무섭게 책에 빠져들었습니다.『코스모스』가 마치 새로운 세상을 열어준 것 같았습니다. 저는 문을 열고 세상을 향해 뛰었습니다. 독서와 관련된 모임에 참여하기 시작했고, 그렇게 기웃거리던 모임이 어느새 월화수목금토일을 꽉 채웠습니다. 독서 마감일이 정해진 책들을 읽으며 주 5일 출퇴근하는 직장인보다도 바쁜 일상을 살았습니다. 그때는 정말 가족들 양말도 챙기지 못하며 엄마와 아내의 역할에도 소홀해질 정도로 책에 미쳐 있었습니다.

혹자는 "책을 읽는다고 쌀이 나오냐, 돈이 나오냐"고 합니다. 남편은 저의 이런 모습을 보고 '함몰'이라고 표현했습니다. 자본주의 사회에서 '책만 읽는' 행동은 자존감은 구할지언정 생계는 그냥 떠나보내는 패착일 수 있습니다. 혹은 시간과 돈에 여유 있는 이들의 특권일지도 모릅니다. 그래서 저처럼 가사와 아이보다 책을 우선하는 주부는 환영받지 못합니다.

자존감을 삼켜버렸던 우울의 늪에서 빠져나오기 시작하자 책에만 빠져 있던 저의 모습이 보이기 시작했습니다. 책과 가족 사이에서 균형점을 찾아야 했습니다. 그래서 '읽는 사람'에서 '읽기를 권하는 사람'으로 변하기로 했습니다.

16주 간 숭례문학당에서 독서 토론 리더 과정과 심화 과정을 공부하고 책과 사람, 책과 세상의 연결을 배웠습니다. 읽는 회원에서 읽기에 도움을 주는 리더로 자리로 옮긴 것입니다. 첫 번째 책으로 저에게 새로운 인생을 열어준 『코스모스』를 다른 사람들과 같이 읽고자 했습니다. 우주가 나서서 날 도운 것인지 때마침 숭례문학당 리더 단톡방에 〈코스모스 함께 읽기〉 운영자를 모집한다는 글이 올라왔고, 단 1초의 망설임도 없이 지원했습니다. 앞으로 어떻게 꾸려갈지, 과학에 지식이 없는 사람들과 어떻게 재미있게 읽을지는 생각지도 않고서 말입니다. "때가 되었어. 『코스모스』에서 느꼈던 감동, 사랑, 생명 존중의 정신을 주변인들에게 전파해야 할 순간이야"라고 말하는 칼의 목소리만 들려왔습니다.

추천하고 싶은 마음이 전달되었던 걸까요? 운영자가 되어 처음으로 연 모임은 닷새 만에 모집 인원 15명을 채웠습니다. 그리고 꾸준히 들어오는 요청에 30명까지 정원을 늘려야 했습니다. 초보 리더로 30명을 이끌고 우주 항해를 나서야 한다는 책임감이 비로소 현실로 다가왔습니다. 방대한 우주의 대서사시, 700페이지에 달하는 분량, 천문학이라는 낯선 분야, 출간된 지 38년이나 지난 과학책. 서른 명이나 되는 회원들과 어떻게 읽을 것인가. 그간 참여했던 독서 모임 운영법을 다시 살피고 회원으로서 했던 경험도 떠올려보았습니다.

저는 책에 집중해 보기로 했습니다. 칼 세이건이 『코스모스』를 기획하던 모습을 상상해보았습니다. 지구인들에게 코스모스(우주)를 가장 쉽고 재미있게 소개하고자 했을 고심이 목차에 있을 터였습니다. 목차를 20일 분량으로 나누어 일정표를 만들었습니다. 하루 평균 30~40페이지를 읽는 스케줄, 평일 하루 한 시간 정도면 한 달 안에 완독할 수 있도록 했습니다.

『코스모스』는 과학서로 분류되지만 문학과 역사, 철학이 절반 이상을 차지합니다. 천문학과 진화론, 물리학과 같은 과학 분야의 지식도 재미있는 이야기로 풀어냅니다. 그럼에도 상대성 원리와 같은 어려운 이론이 등장하면 완독을 포기하고 싶은 유혹이 들기도 합니다. 이 고비를 무사히 넘어가도록 돕는 것이 저의 역할입니다.

저는 과학 분야의 전문가가 아니기에 책 내용을 보강해 줄 참고 자료를 많이 찾아봤습니다. 한 달도 채 남지 않은 준비 기간 동안 칼 세이건의 다른 저작들 중 비교적 쉬운 작품을 살펴

보고, 각 챕터마다 이 책들을 참고 자료로 소개했습니다. 무엇보다 38년 전 출간된 책임을 고려해 최신 천문학 뉴스를 검색하고 본문과 연결했습니다. 그렇게 시작한 첫 출항은 제법 성공적이었습니다. 책장 깊숙이 꽂혀 있던 책을 드디어 펼치게 되었다는 분, 몇 장 읽다 덮어 버리기만 했다 재도전하게 되었다는 분, 추천 도서라는 타이틀에 언젠가는 읽어야겠다 생각만 했다는 분 등. 『코스모스』를 읽을 기회를 가진 분들의 설렘과 흥분이 단톡방을 가득 채웠습니다.

모임의 미션은 그날 읽은 범위에서 가장 핵심이라 여겨지는 문장 하나를 선택하는 '오늘의 문장', 인상적인 부분을 옮겨 적는 '발췌', 읽은 후 생각과 느낌을 기록하는 '단상 쓰기'로 구성했습니다. 책을 가장 깊이 있게 비판적으로 읽는 방법입니다.

'오늘의 문장'은 해당 챕터의 소주제를 압축해 놓은 문장이라 할 수 있습니다. 참여자들은 신중한 선정을 위해 더더욱 집중해서 책을 읽게 됩니다. 인상적으로 본 부분을 발췌하고 필사하는 동안 내용을 한 번 더 복기합니다. 그리고 저자가 보내는 메시지를 한 번 더 머릿속으로 떠올립니다. 참여자들은 단톡방으로 올라온 서로의 단상을 읽으며 생각을 확장해 갑니다. 이렇게 20일간 쌓인 20개의 '오늘의 문장'을 이으면, 별자리를 지도 삼아 바다를 항해하던 고대의 뱃사람처럼 작품의 주제를 따라갈 수 있습니다. 그리고 '발췌'를 모으면 자신만의 특별한 요약본이 되고 '단상'을 간추리면 훌륭한 독후감으로 재탄생합니다.

 '오늘의 문장' '발췌' '단상' 세트가 쌓여가는 동안 집단 지성이 만들어지는 거대한 공감의 기운도 빠르게 차오릅니다. 어렵고 낯설게만 느껴졌던 책의 봉우리를 서로 의지하며 한 걸음씩 올라가는 즐거움, 혼자 읽었다면 놓쳤을 지점을 발견하는 기쁨, 다른 사람들과 생각을 나누며 관점을 넓혀가는 뿌듯함. 개인적인 사정으로 미션을 수행하지 못하는 분들도 있지만, 동료들이 올리는 발췌와 단상은 책과의 연을 끊지 않도록 도와주는 동아줄 역할을 합니다. 그리고 완독까지 가는 데에 큰 힘이 되어줍니다.

 한 달간의 『코스모스』 항해를 마치고 돌아온 이들은 벅차오름에 카톡 창 가득 완독의 소감을 전합니다. 두꺼운 책을 읽어냈다는 스스로를 향한 칭찬부터 우주와 자연의 경이로움, 인간에 대한 존중, 지구 생명체를 향한 애정과 연민, 진실을 발견하기 위해 자신을 던진 과학자들에 대한 존경, 함께 읽어 나간 동료들에 대한 고마움까지. 그들은 코스모스 속에서 자신의 별을 찾은 듯 환희와 감격을 나눕니다. 제 가슴에도 감동의 초신성이 폭발합니다. 폭발은 별의 생애가 그러하듯 다음 기수로 이어져 새로운 공감의 별을 탄생시킵니다. 지금까지 이렇게 21기까지 진행했습니다. 칼 세이건이 남기고 간 사랑과 겸손의 메시지가 전파될 때마다 광막한 우주에 빛 하나가 더해지는 듯한 기분을 느낍니다.

『코스모스』를 필두로 『사피엔스』 『호모데우스』 『21세기를 위한 21가지 제언』 『이기적 유전자』 『정의란 무엇인가』와 같이 다소 무겁지만 누구나 한 번쯤 읽어보고 싶은 책들로 함께 읽기를 진행했습니다. 이 책들은 아시다시피 인문학 공부를 위한 추천 도서로 여러 사람에게 손꼽히는 책입니다. 단순히 책만 읽는다고 해서 인문학 공부를 한다고 말할 수는 없지만, 함께 읽는 과정을 통해 우리는 삶에 대한 태도와 입장을 스스로 정리합니다. 삶의 기준을 만들기 위한 여정은 도전과 좌절의 롤러코스터와 같습니다. 덜컹거리는 여정을 마치고 돌아온 출발점에는 언제나 '성장'이 기다리고 있습니다. 최진석 교수가 말한 대로 인생의 한 줄 무늬를 새기는 순간입니다.

공부 모임을 시작하기 전에는 책을 읽고 글을 쓰는 것이 저의 만족과 행복 안에만 머무르게 될까 두렵기도 했습니다. 하지만 지금은 누군가에게 전이되고 확장되는 것을 느낍니다. 이럴 때 살아있음을 느낍니다. 이는 인간으로 살아가는 소명을 미미하게나마 완수하는 느낌과 같습니다. 저는 오늘도 새로운 출항을 준비합니다.

## 코스모스와 함께 읽으면 좋은 책 10권

1) 코스모스 / 칼 세이건 지음, 홍성수 옮김 / 사이언스북스

2) 사피엔스 / 유발 하라리 지음, 조현욱 옮김 / 김영사

3) 총, 균, 쇠 / 재레드 다이아몬드 지음, 김진준 옮김 / 문학사상

4) 이기적 유전자 / 리처드 도킨스 지음, 홍영남·이상임 옮김 / 을유문화사

5) 정의란 무엇인가 / 마이클 샌델 지음, 김명철 옮김 / 와이즈베리

6) 2050 거주불능 지구 / 데이비드 윌러스 웰즈 지음, 김재경 옮김 / 추수밭

7) 죄와 벌 / 표도르 도스토예프스키 지음, 김연경 옮김 / 민음사

8) 레 미제라블 / 빅토르 위고 지음, 정기수 옮김 / 민음사

9) 안나 카레니나 / 레프 톨스토이 지음, 연진희 옮김 / 민음사

10) 폭풍의 언덕 / 에밀리 브론테 지음, 김종길 옮김 / 민음사

# 그동안 듣지 못한
# 우리들의 목소리

**여성 작가의 책을 읽는 습관**

손녕희

손녕희: 도서관 덕후로 집보다 도서관에 머무는 시간이 더 많습니다. 도서관 옆에 사는 게 꿈인, 호캉스보다 도캉스를 선호하는 활자 중독자입니다. 밥 짓는 시간보다 글을 읽고 짓는 시간에 더 많은 공을 들입니다. 읽고 쓰기를 한 후 잊고 지낸 '나'를 만나고, 삶이 글이 되는 경험을 했습니다. 학교, 연수원, 도서관, 학당에서 글쓰기와 독서 토론을 진행하고 있습니다.

"페미니즘 공부 모임 아닌가요?"

"저희는 여성 작가의 책을 읽는 모임입니다. 여성 작가들이 쓴, 여성의 삶과 서사에 집중해, 여성 특유의 섬세하고 세밀하게 쌓아 올린 문장에 집중하며 책을 읽는 모임입니다."

〈아무튼, 여성 작가 읽기〉는 월 2회 목요일 저녁 9시에 카카오톡으로 진행되는 독서 토론 모임입니다. 격주로 한국 여성 작가와 외국 여성 작가의 책을 만나고 있습니다.

최근 읽은 이금이 작가의 책 『알로하, 나의 엄마들』을 읽고 나눈 얘기들을 잠깐 소개하겠습니다. 이 책은 사진 한 장에 자신의 운명을 걸고 하와이로 떠난 버들이와 친구들의 이야기입니다. '파라다이스'라고 생각하고 떠난 하와이는 상상하던 곳과 너무 달랐습니다. 하지만 그녀들은 서로에게 친구이자 가족이 되어 새로운 삶을 개척하고 인생의 파도를 넘어갑니다.

"버들이의 감정을 섬세하게 표현한 부분들도 좋았고 가독성이 좋았어요." "한국 이민의 역사, 독립운동 등 중요한 근현대사를 꿰뚫고 있어서 흥미로웠어요." "잘 읽혔어요, 너무 무겁지도 않고. 그들의 삶이 안타깝고 힘들었겠다 느껴지면서도 한편으로는 그들의 연대가 부럽다는 생각도 들었어요." "하와이 '사진 신부'를 여성의 시각으로 그린 부분이 좋았어요. 세 친구의 우정도 돋보였고요. 가독성도 좋았어요. 다만 마지막에 시점이 너무 급하게 전환되는 바람에 몰입하기 어렵다는 생각이

들었어요."

　책을 보지 않은 분들을 위해 잠깐 설명을 덧붙이면 '사진 신부'는 이민사에서는 자주 다뤄지는 부분입니다. 일제강점기 때 먹고 살기가 힘들어진 조선인(남자)들이 돈을 벌기 위해 하와이에 있는 사탕수수밭으로 노동이민을 갔습니다. 10년이 지나 남자들이 술과 노름에 빠지는 등의 문제가 생기자 한인 교회에서는 신부를 데려와 이들과 결혼을 시키는 사업을 진행했습니다. 남자 사진을 조선으로 보내면 이를 보고 여자들이 남편을 정하고, 결혼을 위해 하와이로 건너왔습니다. 이를 '사진 신부'라고 합니다.

　책에 대한 반응은 이 외에도 "일제강점기에 마을 밖도 나가보지 못했던 처녀들이 하와이를 선택했다는 것 자체만으로도 강한 여성들이다" "지금 우리나라에 들어오는 결혼 이민자들이 생각났다" "의지할 수 있는 친구들이 있어서 버들이와 친구들은 그나마 운이 좋았던 것 같다" "서로 질투하고 오해하고 싸우면서도 서로에게 의지하며 가족이 되는 장면은 정말 공감되고 부러웠다" "흐르는 눈물을 주체할 수 없었다" 등이 더 있었습니다.

　김영하 작가의 『검은 꽃』과 비교하는 의견도 있었습니다. "『알로하, 나의 엄마들』에 등장하는 여성들이 주체적이고 능동적인 여성들이라면 『검은 꽃』의 여성들은 수동적이다." 김영하에 이어 이민진 작가의 『파친코』와 정세랑 작가의 『시선으로부터,』도 함께 언급되었습니다. 마치 꼬리에 꼬리를 물 듯 여러 책들이 튀어나옵니다.

거론된 책들은 모두 일제 강점기의 여성 이민사를 여성 작가의 시선으로 파헤친 작품입니다. 투쟁하고 고뇌하는 남성 위주의 서사가 아니라 여성의 삶을 따라가며 투명 인간처럼 살아온 여성들의 삶에 주목하는 소설입니다. 남성 못지않게 여성들도 그 시대를 아주 치열하게 살았다는 것을 보여주는 책입니다.

회원들의 다양한 시선 덕분에 그 시대를 살아낸 여성들이 입체적으로 다가옵니다. 때로는 내가 주인공이었다면 어떤 선택을 했을까 자문하며 주인공(여성)들이 쏟아내는 이야기에 귀 기울입니다. 한 40대 회원은 열악한 환경에서도 최선을 다해 주체적인 삶을 살아낸 그녀들을 보며 자신을 돌아보게 되었다며 이들처럼 다가올 인생의 파도를 아프게, 기쁘게, 뜨겁게 넘어가고 싶다고도 했습니다. 20대 후반의 한 회원은 교과서는 물론 엄마에게서도 들어 보지 못한 여성의 이야기를, 특히 바로 윗세대인 엄마의 삶 나아가 할머니의 삶을 이해할 수 있어 좋았다고 소감을 전했습니다.

함께 책을 읽었을 뿐인데, 우린 여성이라는 동질감으로 연대의식이 쌓입니다. 누군가를 비난하고 탓하는 것으로 한마음이 되는 것이 아니라 그림자로 살아온 여성의 삶에 초점을 맞추고 눈길을 주며 한마음이 됩니다. 그리고 그녀들의 목소리에 귀 기울이며 이제는 그림자가 아닌 주인공으로 그녀들을 불러세 웁니다. 과거의 시간에서 그녀들을 끌어내고 현재의 우리가 함께 공감하며 연대합니다. 나아가 당신들이 열심히 살아준 덕분에 지금의 우리가 있었다고 고백합니다. 이제 그녀들은 이렇게 응답합니다. "불러주고 읽어준 덕분에 용기 낼 수 있었다"라고.

처음부터 여성 작가의 책을 작정하고 읽은 것은 아니었습니다. 오히려 헤밍웨이, 슈테판 츠바이크, 조지 오웰, 헤르만 헤세, 레이먼드 카버, 김훈 같은 남성 작가의 책을 선호했습니다. 성격이 치밀하지 못하고 설렁설렁한 탓도 있었지만 하나의 감정에 침잠해 들어가 세세하게 들여다보는 일이 감정 소모처럼 느껴졌습니다. 이런 성향으로 자연스레 에세이나 여성 작가의 작품보다 대하소설이나 역사소설을 더 가까이했습니다. 그러다 여성 작가의 책을 읽기 시작한 것은 동료들과의 관계 때문이었습니다.

경력 단절로 살다 취업한 곳은 90%가 여성 강사들로 이루어진 교육 기관이었습니다. 관리자는 남성, 강사들은 모두 석·박사로 이루어진 고학력 여성들이었습니다. 그곳에서는 저는 강사이자 관리 업무를 담당했습니다. 그런데 함께 일하던 여성 동료들이 저를 어려워했습니다. 남자들과 일할 때는 문제가 되지 않았던 저의 태도와 말이 여성 동료들은 불편해 했던 것이었습니다.

　그렇게 한 번 꼬인 관계는 시간이 지날수록 더 복잡하게 얽혀만 갔습니다. 저는 그녀들의 업무 태도나 말을 이해할 수 없었고, 그녀들은 같은 여자인데 자신을 이해해 주지 않는다고 저를 원망했습니다. 여자들의 세심하고 미묘한 감정을 읽어내는데 서툴렀고, 그녀들의 언어에도 무심했습니다. 그러면서 문제는 그녀들이지, 나는 아무 잘못이 없다고 생각했습니다. 결국 불편한 시간이 계속 이어지자 저는 일을 그만두지 않을 수 없었습니다. 원망하고 싶은 마음은 없었습니다. 대신 그녀들을 이해하고 싶었습니다. 어떻게 이해할까 고민하다, 여성 작가들이 쓴 책을 읽어 보기로 했습니다.

　그렇게 시작한 독서 모임이 3년째, 그사이 『밀크맨』(애나 번스), 『숨그네』(헤르타 뮐러), 『작별하지 않는다』(한강), 『배움의 발견』(타라 웨스트오버), 『시녀 이야기』(마거릿 애트우드), 『빌러비드』(토니 모리슨) 등 여성 작가의 책을 연이어 함께 읽고 격주에 한 번 토론했습니다. 책이 쌓이니 머리로만 이해되던 여성의 삶과 그들이 뱉었던 저마다의 언어들이 머릿속으로 들어왔습니다.

　내일은 깨끗한 새날이 될 거야, 라는 긍정의 아이콘 『빨강머리 앤』(루시 모드 몽고메리)의 앤이 있다면, 오정희 『유년의 뜰』의 절망 속에 숨죽이며 짐승 같은 삶을 이어가는 여성도 있었습니다. 그리고 노예로 살아가는 비극을 자신의 대에서 끊고자 딸을 죽인 후 상상 속의 딸과 살아가는 『빌러비드』(토니 모리슨 지음)의 주인공 빌러비드도 있었습니다. 그녀는 살인자가 아니라 엄연히 시대의 희생양이었습니다.

책 속에서 만난 여성 중 단 한 명도 같은 인물은 없었습니다. 완벽한 여인도 없었고, 마냥 순종적인 여인도 없었으며, 자신의 운명을 그대로 받아들이는 여인도 없었습니다. 그렇게 삶의 바닥에서 남성과는 전혀 다른 생을 사는 여인들로부터 어느 누구도 고귀하지 않은 사람이 없다는 것을 목도했습니다. 때로는 그녀들 삶이 나와 너무 닮아 절망했고, 때로는 그녀들의 용기 있는 행동에 힘을 얻기도 했습니다. 그리고 출구가 보이지 않는 매 순간에도 생의 이유를 놓지 않고 열심히 살아온 그녀들을 보며 '나'를 찾았습니다.

그곳에는 모두에게 분노하는 나, 억울해하는 나, 절망하는 나, 영악한 나, 지질함의 극치를 달리는 내가 있었습니다. 그러면서 점차 깨닫기 시작했습니다. 불편했던 관계는 그녀들에게 문제가 있었던 것이 아니라 나에게 있었다는 것을, 솔직한 태도와 직설적인 화법은 어떤 이에게는 진실함 같은 것이었지만, 또 어떤 이에게는 상대를 질타하는 건방진 태도였다는 것을. 저는 그동안 언어가 가진 다중의 의미, 말이 전하는 힘을 제대로 파악하지 못하고 있었던 셈이었습니다.

소설 속 수많은 여성 캐틱터를 통해 완곡한 표현이나 몸짓 언어 같은 것이 때로는 더 중요한 소통 창구가 될 수 있음을 알았습니다. 말 속에 감춰진 진실 같은, 표현되지 않았지만 같은 여성이라면 알아들었을, 말 속의 깊은 의미를 발견하는 법도 익혔습니다. 그러면서 나라면 어떻게 말했을까? 나라면 이 상황에서 내 어깨를 내어줄 수 있었을까? 하는 질문도 해보았습니다. 그렇게 질문하고 답하면서 여성은 물론이고 사람에 대한 이해가 깊어지기 시작했습니다.

서서히 제 삶에도 변화가 찾아왔습니다. 무엇보다 "그럴 수도 있지"라는 말을 입에 달고 살게 된 것입니다. 사람은 자신이 살아온 환경에서 상대를 평가합니다. 그래서 자칫 내 생각이 고정 관념이나 편견이 될 수 있습니다. 그리고 이를 '차이'라고 생각하는 것이 아니라 '틀림'으로 생각할 수 있습니다. 내가 동료들과 가졌던 불편한 관계도 이런 시선 때문이었습니다. 이를 알게 된 후부터는 최대한 상대방 입장에서 생각하려 노력했습니다. 그러자 불같기도 하고 딱딱하기만 하던 성질머리가 젤리마냥 말랑해지기 시작했습니다.

태도가 변하니 같이 밥 먹자는 사람이 늘어났습니다. 이해가 깊어지자 그녀들을 편들어주는 일도 많아졌습니다. 덕분에 세대를 초월하는 동성 친구들이 하나씩 늘어갔습니다. 주변에서는 좋은 일 있느냐고 물어보는 분도 많아졌습니다. 그러면서

보기 좋아졌다고 편안해 보인다고 덕담을 건네는 분도 늘기 시
작했습니다. 덕분에 사람을 이해하고 관계 맺기를 하는 것에
조금은 유연해졌습니다. 그리고 저도 누군가에게 온기를 나눠
주는 사람으로 살아보고 싶어졌습니다. 그렇게 마음먹고 주변
을 둘러보니 그동안 보이지 않던 사람들이 눈에 들어왔습니다.
화려하고 강인한 겉모습과 달리 상처받은 마음으로 힘들어하
는 사람들, 같이 밥을 먹고 이야기를 들어주기만 해도 표정이
밝아지는 그녀들, 저 또한 덩달아 행복해졌습니다. 기왕 이렇
게 된 거, 밥 사주는 '오지라퍼 왕언니'로 살아보기로 했습니다.

　여성작가의 책 읽기는 연대이자 세상과의 관계 맺음이라고
생각합니다. 책을 읽는다는 것은 세상과 단절하지 않겠다는 저
에 대한 선언입니다. 상처받지 않기 위해 성 안에 머무는 것이
아니라 세상 밖으로 나가겠다는 용기입니다. 그리고 관계에 절
망하고 집으로 숨어들지 않겠다는 결연한 의지입니다. 책 속
여성들은 성공한 인물보다 실패하고 좌절한 이들이 더 많습니
다. 다치고 깨어져도 다시 일어나 도전을 포기하지 않는 삶의
태도를 갖고 있습니다. 그녀들은 실패와 절망 속에서 어떻게
다시 시작할 수 있는지 알려줍니다.

　최근 들어 여성 작가들의 활약이 다시 늘어나고 있습니다.
그럼에도 여전히 여성 작가의 목소리는 적은 편입니다. 미셸
딘의『날카롭게 살겠다, 내 글이 곧 내 이름이 될 때까지』에는

잘 알려지지 않은 8명의 여성 작가가 나옵니다. 작가들은 글로 생계를 유지하기 위해 고군분투합니다. 그중 한 명인 리베카 웨스트는 이렇게 말합니다. "여성 작가가 반드시 해야 하는 일이 있습니다. 첫째, 너무 착하게 굴면 안 된다. 둘째, 요절해야 한다. 셋째, 버지니아 울프처럼 자살한다. 계속 글을 쓰는 것, 그것도 좋은 글을 쓰는 것은 결코 용서받을 수 없는 일입니다." 조금 극단적으로 읽히기도 하지만 세간의 이슈거리가 되어야 관심을 받을 수 있다는 말로 들립니다. 웨스트의 글을 읽고 끝없는 의문이 밀려왔습니다. 글을 잘 쓰는 여성 작가들이 잘 알려지지 않은 까닭은 무엇일까? 남성 작가 못지않게 뛰어난 지성과 날카로운 비판 의식을 가진 그녀들을 우리가 기억하지 못하는 이유는 무엇일까? 여성들이 글을 써서 밥벌이를 할 기회가 없기 때문인가? 어쩌면 같은 여성인 우리가 그녀들의 글을 읽어주지 않은 탓은 아닐까?

더 많은 여성 작가들이 말할 수 있도록 곁을 내어주고 불러주어야 합니다. 그녀의 이름을 불러주어 우리는 한 공간에 있다는 것을 알려주어야 합니다. 그러면 저처럼 자신을 찾고, 친구를 만나고, 치유의 경험을 한 여성들이 더 많아질 것입니다.

## 추천하는 여성 작가 작품 베스트 10

1) 자기만의 방 / 버지이아 울프 지음, 이미애 옮김 / 민음사

2) 폭풍의 언덕 / 에밀리 브론테 지음, 김정아 옮김 / 문학동네

3) 올리브 키터리지 / 엘리자베스 스트라우트 지음, 권상미 옮김 / 문학동네

4) 신비롭지 않은 여자들 / 임소연 지음 / 민음사

5) 빌러비드 / 토니 모리슨 지음, 최인자 옮김 /문학동네

6) 도어 / 서보 머그더 지음, 김보국 옮김 / 프시케의 숲

7) 향모를 땋으며 / 로빈 월 키머러 지음, 노승영 옮김 / 에이도스

8) 유년의 뜰 / 오정희 지음 / 문학과지성사

9) 세월 / 아니 에르노 지음 /신유진 옮김 / 1984Books

10) 우리의 정류장과 필사의 밤 / 김이설 지음 / 작가정신

# 매일 만나는
# 자기 돌봄의 시간

## 심리학 책을 읽는 습관

신동주

신동주: 학부에서 심리학, 대학원에서 상담심리학을 전공했습니다. 상담심리사 1급으로 20여 년간 다양한 곳에서 상담을 진행했습니다. 청강문화산업대학교에서 심리학 과목을 강의했고 현재는 에브리마인드와 마이카운슬러에서 상담과 수련생 교육을 하고 있습니다. 심리학밖에 모르고 살다가 숭례문학당에서 여러 분야의 책을 만나 읽고 쓰는 공부의 즐거움을 만끽하고 있습니다. 전공을 살려 심리학책을 함께 읽고 나누는 모임을 셀레는 마음으로 준비합니다. 공저로 『그림책 모임 잘하는 법』이 있습니다.

"안녕하세요. 숭례문학당 〈심리학 30일 읽기〉의 진행자 신동주입니다. 함께하게 되어 모두 반갑고 감사합니다!"

온라인 채팅방에 올리는 인사말입니다. 마치 직접 얼굴을 마주하듯 씩씩하게 합니다. 저는 모임의 모든 기수를 이렇게 시작합니다. 하지만 인사 직전, 숨을 한 번 더 깊이 고릅니다. 앞으로 있을 30일에 대한 기대와 설렘, 그리고 긴장감이 저를 스쳐 갑니다.

잠시 함께 책을 읽고 나눌 분들을 상상해봅니다. 어떤 분들일까? 상상의 나래를 펼치다 보면 얼굴도 미처 보지 못한 분들이지만 다정하고 가깝게 느껴집니다. 아마도 마음이 궁금한 분들, 마음을 돌보고 싶은 분들이 아닐까 생각해 봅니다. 혹은 조금 힘든 시간을 거친 분들일지도 모릅니다. 이런 생각들을 하다 보면 처음 가졌던 긴장감은 사라지고 점차 편안한 마음이 몰려옵니다. 나와 비슷한 관심사와 유대감을 갖고 있을 그분들을 상상하며 금방 손 내밀고 환영하고 싶어집니다. 그리고 저와 함께하기 위해 기꺼이 문을 두드려준 분들에게 감사한 마음이 고개를 듭니다.

보통 격월로 시작하는 우리 모임은 한 기수를 4주 동안 진행합니다. 일주일에 평일 닷새 동안은 책을 읽고 발췌와 단상을 남깁니다. 모임은 대개 열 명에서 스무 명이 함께합니다. 진행자인 제가 매일 읽을 분량을 안내하면 참가자들은 이에 맞춰 함께 읽기를 합니다. 하루 20페이지 정도를 읽습니다. 보통은 진행자의 안내에 따라 독서 진도를 나가지만 자기만의 속도로 읽어도 상관없습니다. 한 주에 한 번은 진행자가 올리는 질문에 참여자들은 자신의 이야기를 남깁니다. 그러면 저는 참가자들이 남긴 단상에 피드백을 합니다. 판단이나 평가 혹은 옳고 그름을 이야기하는 피드백이 아니라, 책을 읽고 자신의 삶을 나눠준 참가자들의 글에 응원의 메시지를 남깁니다. 물론 위로와 격려, 공감을 전하기도 합니다.

한때는 심리학을 전공하고 상담심리사로 일하고 있는 제게 전문적인 피드백을 원하는 것은 아닐까, 하는 생각이 들기도 했습니다. 하지만 책 읽기 모임은 심리 상담과는 다릅니다. 가끔은 좀 더 정확한 이해가 필요하다는 생각에 첨언을 할 때도 있지만  책 내용상 꼭 짚어야 할 부분에 대해서만 한정해서 말합니다. 함부로 이러쿵저러쿵하지는 않습니다. 모임 참가자들은 개인 상담을 받고자 온 게 아니고, 저 역시 몇 마디 대화만으로 참가자들의 내면을 정확히 알고 피드백을 할 수는 없기 때문입니다.

같은 책을 읽지만 읽는 이들은 모두 자신의 언어로 책을 소화합니다. 이는 각자의 삶의 태도와 같습니다. 그래서 세상을 살아가는 방식이 책을 읽는 장면에서도 고스란히 재현됩니다. 함께 읽기는 서로 다른 언어, 서로 다른 삶의 해석을 듣는 귀한 시간입니다. 나와 다른 삶에 귀 기울이는 기회가 됩니다. 한 달간 이어지는 함께 읽기를 하다 보면 다른 분들의 단상으로 책과 사람 그리고 주제에 대한 생각이 깨어지거나 보완이 되기도 합니다. 이는 자신의 틀을 깨는 과정이기도 합니다. 상담전문가인 저 역시 참여하는 분들을 통해 많이 배우고, 내가 일상에서 얼마나 쉽게 판단하고 단정 짓는지 알아차리기도 합니다.

저는 심리학책 읽기 모임을 진행하면서 우리가 서로에 대해 그리고 자신에 대해 너무 자주 예단하고 평가한다는 사실을 알게 되었습니다. 우리에게는 평가와 단정 짓기가 아니라 있는 그대로를 마주하고 수용하는 시간이 필요합니다. 나아가 보이는 대로만 관찰해도 언제든 틀릴 수 있다는 사실을 인정할 필요도 있습니다. 저는 심리학책 읽기 모임을 진행하면서 이런 태도를 더 많이 연습하고 또 배워나가고 있습니다.

제가 모임을 좋아하는 또 다른 이유는 저 역시도 제 삶의 이야기를 다른 사람들과 같이 나눌 수 있다는 점 때문입니다. 처음에는 이 부분을 고민했습니다. 진행자인 내 얘기를 어디까지 꺼내 놓는 것이 좋은지 그리고 과연 옳은 것인지. 원래 리더들은 참가자의 이야기에 집중하기 위해 자신을 잘 드러내지 않는 편이 좋습니다. 심리 상담을 할 때는 더더욱 그렇습니다.

20여 년 가까이 상담심리사로 지내면서 내담자(상담을 받기 위해 방문하는 사람)와 함께할 때는 제 개인적인 모습을 거의 드러내지 않았습니다. 그 시간은 오로지 내담자 삶 속에 같이 머무는 순간이었습니다. 하지만 책을 읽는 모임에서는 조금 다릅니다. 자유롭게 제 얘기를 합니다. 서로가 원하는 만큼 자신을 드러내며 진실하게 만나고 이야기한다는 점에서 저 역시도 한 사람의 참가자일 뿐입니다. 아마도 제가 모임에 이토록 큰 애정을 갖게 된 데에는 마음껏 제 얘기를 할 수 있다는 것도 있지 않았나 싶습니다.

모임 활동에서 가장 강조하는 것이 있습니다. 바로 '이 주의 한 문장'을 고르는 일입니다. 한 주 동안 읽은 분량 중 딱 한 문장을 고르는 것입니다. 이걸 네 번 반복합니다. 그러면 4주간 네 개의 문장을 뽑게 되고, 맨 마지막으로 '이 책의 한 문장' 찾기를 합니다. 이렇게 고른 한 문장은 책 속 내용을 직접 일상에서 체화할 수 있도록 돕는 역할을 합니다. 그래서 뽑힌 문장만 봐도 지금 무엇이 문제이고, 어떻게 이를 극복하려는지 알게됩니다. 즉, 책의 문장으로 나를 발견하는 셈입니다. 요즘 내게 가장 절실하고 중요한 가치는 무엇인지, 내가 이루고자 하는 관계와 경험은 무엇인지, 그렇게 '나'를 발견합니다.

조지 베일런트의 책『행복의 조건』을 읽을 때였습니다. 성인 800여 명을 70여 년에 걸쳐 추적 조사한 연구를 바탕으로 무엇이 사람을 행복으로 이끄는지 알려주는 책입니다. 한국어판 제목은 '행복의 조건'이지만, 사실 '행복한 노년의 조건'이란 제목

50

이 더 잘 어울리는 인생을 긴 호흡으로 바라보도록 하는 책입니다. 원제가 'Aging Well'인 것만 봐도 알 수 있습니다. 이 책을 함께 읽으며 뽑은 '나의 한 문장'은 이랬습니다.

"한 사람의 삶에서 특정 시기만 훑어보면 크나큰 판단 착오가 벌어지고 만다. 스무 살 때 이타주의의 표본처럼 보이던 사람이 알고 보니 성격 파탄자일 수도 있고, 젊은 날에 그야말로 구제불능으로 보이던 사람이 훗날 정신적으로 성숙한 인간으로 거듭날 수도 있다."

이 부분을 읽으면서 저 자신이 더 환하게 보였습니다. 초등학생 아이를 키우는 엄마가 가지고 있는 걱정과 불안, 그럼에도 믿고 싶고 기대고 싶은 지점은 어디인지가 보였습니다. 그리고 현재 우리 아이와 비슷한 10살 때의 저와 지금의 저는 무척 다르다는 사실, 20살 혹은 30살의 저와도 많이 다르다는 사실이 눈에 들어왔습니다. 과거보다 조금씩 성장하고 조금씩 단단해진 지금, 나를 믿을 수 있고 부족함을 견디는 나를 신뢰하는 것이 보였습니다. 과거의 어떤 한 지점에 머물지 않고 계속해서 성장하는 나를 발견하게 된 것은 모두가 함께 읽은 책 덕분입니다.

20년 가까이 심리 상담을 하고, 후배 상담사를 지도하는 슈퍼바이저로서도 활동하지만 여전히 상담 시간이 되면 긴장이 됩니다. 심리학책 읽기 모임도 마찬가지입니다. 몇 년 동안 꾸준히 진행해온 모임인데도 매번 시작할 때마다 긴장이 되고, 그 순간이 오면 숨을 몰아쉬기도 합니다. 오래도록 반복한 일임에도 불구하고 어쩔 수 없나 봅니다. 하지만 이런 제 모습이 꽤 봐줄 만하고, 때로는 사랑스럽기도 합니다. 이 부분이 그동안 책을 읽으며 가장 많이 바뀐 저의 모습입니다. 20대의 저라면 상상도 하지 못했을 일입니다.

함께 읽기를 하는 분 중에는 읽는 것에 대한 어려움을 표하는 분도 있습니다. 완독에 대한 부담감을 갖고 있을 때는 이 어려움이 더 커집니다. 완독하기 힘들 거란 생각은 읽기를 시작하지 못하게 만들기도 합니다. 한데, 완독이 꼭 책의 앞표지부터 뒤표지까지 모두 읽는 것만 이야기 하는 걸까요? 꼭 그렇지는 않습니다. 특히 심리학책은 더더욱 그렇습니다. 사람들은 나를 알고 싶은 마음, 나를 돌보고 싶은 마음에서 책을 읽습니다. 이것은 건강한 자기애의 표현이기도 합니다. 그렇다면 책을 끝까지 읽는 완독에 그렇게 매달릴 필요는 없습니다. 다 읽지 못해도 괜찮습니다. 책의 1/10을 읽었어도 혹은 중간 중간 발췌독을 했어도, 그 안에서 나를 보살피는 중요한 지점을 만났다면 그것으로 충분합니다. 그것 자체가 완독과 다름없습니다.

심리학책을 읽는 시간은 '나를 읽는 시간'입니다. 나를 만나고 이해하는 방법이 꼭 책이어야 하는 것은 아닙니다. 심리학

책이어야 한다는 법도 없습니다. 다양한 관계와 일로, 여가와 취미 혹은 신앙을 통해서도 할 수 있습니다. 문학과 그림책, 과학과 철학 등 다른 책으로도 얼마든지 가능합니다. 하지만 심리학책을 통하게 되면 나를 읽는다는 목적이 조금 더 명료해집니다.

마음이 동하는 문장을 만났을 때, 그 순간이 바로 나 자신과 만나는 시간입니다. 만남은 위로와 공감을 줍니다. 책을 읽으며 자신의 마음과 만나기를 주저하지 않는 시간, 그 시간이 자기 돌봄이자 성장의 과정입니다. 오늘도 망설임 없이 심리학책을 펼칩니다.

## 꼭 읽었음 하는 심리학 책 10권

1) 행복의 조건 / 조지 E. 베일런트 지음, 이덕남 옮김 / 프런티어

2) 빅터 프랭클의 죽음의 수용소에서 / 빅터 프랭클 지음, 이시형 옮김 / 청아출판사

3) 비폭력대화 / 마셜 로젠버그 지음, 캐서린 한 옮김 / 한국NVC센터

4) 마틴 셀리그만의 긍정심리학 / 마틴 셀리그만 지음, 김인자·우문식 옮김 / 물푸레

5) 해빗 / 웬디 우드 지음, 김윤재 옮김 / 다산북스

6) 아직도 가야 할 길 / M.스캇 펙 지음, 최미양 옮김 / 율리시즈

7) 센서티브 / 일자 샌드 지음, 김유미 옮김 / 다산지식하우스

8) 상처받은 내면아이 치유 / 존 브래드 쇼 지음, 오제은 옮김 / 학지사

9) 충분히 좋은 엄마 / 도널드 위니코트 지음, 김건종 옮김 / 펜연필독약

10) 프레임 / 최인철 지음 / 21세기북스

# 내면의 거울을 닦는 시간

## 30일 매일 읽기 습관

김선화

김선화: 대학에서 학생들을 가르치다 숭례문학당을 만난 후 비경쟁 독서 토론에 눈을 떴습니다. 여러 학습 모임에 참여하며 제2의 독서 전성기를 누리는 중입니다. 도서관, 교육청, 지자체, 대학에서 유아부터 학생, 주부, 시니어를 대상으로 글쓰기와 독서 토론에 대해 강의합니다. 함께 쓴 책으로『글쓰기로 나를 찾다』,『책으로 통하는 아이들』이 있습니다.

"인문학이 인간과 인간이 만들어낸 문화를 탐구하는 것이라면, '나' 또한 인간이니 스스로를 탐구하는 것부터 가장 먼저 해야 하지 않을까?"

'좀 더 나은 나'로 성장하고 싶습니다. 매일 무언가를 하는 것은 어제보다 좀 더 나은 사람이 되는 방법이라 생각합니다. 오늘 피아노 연습을 하면 어제보다 조금 더 잘 치는 사람이 됩니다. 오늘 서랍 한 칸을 정리하면 어제보다 조금 더 정돈된 사람이 됩니다. 오늘 1킬로미터를 걸으면 어제보다 조금 더 가벼운 사람이 됩니다. 책 읽기도 마찬가지입니다. 오늘 책을 읽으면 어제보다 조금 더 깨달은 사람이 됩니다. 저는 책을 읽는 것이 더 나은 사람이 되는 가장 쉬운 방법이라 생각합니다. 그래서 매일 읽기를 하고 있습니다. 한 페이지를 읽고는 어제 몰랐던 사실을 깨닫고, 두 페이지를 읽고는 어제 못 봤던 세상의 이면을 봅니다. 더 많이 읽고 더 많이 성장하고 싶은 마음으로 매일 읽기가 습관이 되었습니다. 이것이 제가 가지게 된 인문학 습관입니다.

〈30일 매일 읽기 습관〉 모임은 7년 전 숭례문학당 리더 몇몇이 매일 책을 읽고 인증하기를 해보자며 단톡방을 열고 시작한 파일럿 모임 〈매일 책 읽기〉에서 시작되었습니다. 학당의 리더들은 각자가 운영하는 책 모임도 있고, 직접 참여하는 독서 모임도 여러 개여서 늘 읽어야 할 책들이 쌓여 있었습니다. 책에 대한 관심이 많은 사람들이기 때문에 모임 때문이 아니더라도 읽어보고 싶은 책은 늘 많았습니다. 저 역시도 개인적으로 읽어야 할, 읽고 싶은 책들이 어마어마했습니다. 그런 분들이 모여 독서 인증 모임을 만든 것은 어쩌면 누가 더 많이 읽나 경쟁하는 마음은 아니었나 싶습니다.

〈매일 책 읽기〉는 주 7일 중 3일 이상 활동하지 않으면 퇴출되는 방식이었습니다. 저는 스스로 '늘 읽는 사람'이라고 여겼고, 300쪽 정도 되는 소설 한 권은 한나절이면 충분히 읽을 수 있을 정도로 책 읽는 속도도 빠르고, 그동안 읽어온 책도 다른 분들에 비해 많다고 생각했습니다. 그래서 책에 있어서만큼은 약간의 우쭐함 같은 것이 있었습니다. 그런데 모임에 참여하고서는 그런 우쭐함이 사라졌습니다. 저는 책을 몰아서 읽는 타입인데, 과제가 있거나 확 몰입할 수 있는 책을 만나면 게걸스럽게 읽었지만 그렇지 않은 경우에는 사나흘 동안 책을 읽지 않는 사람이었습니다. 그러다 보니 모임에서는 퇴출 1순위 같은 사람이었습니다. 모임에서 쫓겨나지 않기 위해서는 단 한 쪽이라도 매일 읽어야 했습니다. 그러다 파일럿 모임이 석 달 정도 흘렀을 때 알았습니다. 매일 읽는 것이 가장 많이 읽는 방법이고, 나는 많이 읽은 축에도 속하지도 않는다는 것을요. 더 많이 읽고 싶은 욕심이 났습니다. 그래서 저는 파일럿에서 정식 모임이 된 〈30일 매일 읽기 습관〉 모임 운영을 맡았습니다.

책임감을 갖게 되면 더 많이 읽을 거라는 생각이었습니다.

모임은 매달 20여 명의 인원으로 구성됩니다. 참여하는 분들은 각자 그날 읽은 책의 제목, 작가, 페이지, 발췌와 단상을 적은 '읽기톡'을 단톡방에 올립니다. 간간이 울리는 카톡 알림은 같이 읽는 동지가 있다는 것을 알려줍니다. 그래서 외롭지 않습니다. 동료들 부름에 잊지 않고 단 한 장이라도 읽고 '읽기톡'을 올립니다. 그렇게 30일이 지나면 이만큼 해냈다는 뿌듯함과 매일 읽는 독서 습관을 얻게 됩니다. 참여하는 학인들의 읽기 목록으로 다양한 책을 접하는 기쁨은 덤입니다.

세상은 넓고 '읽기 고수'는 많습니다. 한 달 모임이 끝나면 읽은 책 목록을 정리하여 문서로 만듭니다. 파일을 정리하다 보면 확실히 빼먹지 않고 매일 읽은 분들의 책 목록이 길다는 것을 알 수 있습니다. 그때마다 꾸준함의 힘을 다시 한번 깨닫습니다.

저는 즉흥적인 일에 흥미를 느끼고 임기응변도 갖추고 있지만 무언가를 꾸준히 하는 인내심은 부족한 편입니다. 읽었던 책보다는 새로운 책을 좋아하고 이 책 저 책 손을 대지만 모든 책을 완독하지는 못합니다. 읽기 습관도 그렇습니다. 30일 동안 단 하루도 빼먹지 않고 책을 읽은 달이 두세 번이 될까요? 저희 모임 회원분 중에는 30일 중 하루도 빼놓지 않고 완주하시는 분들이 적잖이 계십니다. 하루도 빠짐없이 책을 마주하며 인증이라는 절차를 잊지 않고 마무리 짓는 분들을 보고 있으면, 독서에 대해 겸손한 태도를 저절로 갖게 되고 반성도 많이 하게 됩니다.

첫 모임부터 함께하신 C님은 지금까지 하루도 빠지지 않는 놀라운 '읽기 신공'을 보여주고 계십니다. 주로 고전 역사책을 읽으시는데, 읽는 양도 양이지만 매일 올리는 발췌의 양이 어마어마했습니다. 역사책이다 보니 내용을 정리하려고 일부러 더 많이 발췌하시나 보다 추측하기도 했습니다. 그러다 2017년 7월, 제가 신영복 선생님의 『담론』 책을 읽을 때였는데 C님이 저에게 주고 싶은 물건이 있다면서 한 번 만나자고 연락을 주셨습니다. 본인이 약사로 근무 중인 녹번동의 T병원 근처에서 만나자고 했습니다.

C님은 웃음기 가득한 얼굴에 흰 가운이 잘 어울리는 70대 여성분이셨습니다. 그 연세에 일도 하면서 그렇게 많은 분량의 독서와 발췌를 해오다니 깊은 존경심이 절로 일었습니다. 몇 달째 카톡으로 알던 사이여서 그런지 처음 만났는데도 막역한 지기를 만난 것처럼 반가웠습니다. C님은 보자마자 제 손을 꼭 잡아주고는 근처 식당에서 점심을 사주셨습니다. 그리고 근무지인 약국에 들어가서 차를 한 잔 내주시면서 어떤 물건 하나를 꺼내 놓으셨습니다. 신영복 선생의 육성이 담긴 CD였습니다. C님은 신영복 선생이 이끌던 대학생 독서 모임의 참여 학

생이었고, 통일혁명당 사건으로 구속되었을 당시 함께 연루되어 옥고까지 치렀다고 했습니다. 선생이 풀려난 후에도 계속 인연을 이어왔으니 C님께도 엄청 귀한 물건일 텐데 제가 『담론』을 읽으며 남기는 단상을 보고는 꼭 선물하고 싶다는 마음에 갖고 있던 CD를 제게 꺼내 놓은 것이었습니다.

C님은 지금도 우리 모임에 계속 참여하고 계십니다. 이제 눈과 손목에 무리가 와서 이전처럼 많이 읽고 많은 발췌를 남기진 못하지만 여전히 매일 읽기를 실천하고 있습니다. C님의 글에서는 어른의 완고함은 전혀 찾아 볼 수 없습니다. 의식 있는 시민, 겸손한 지성인, 깨어 있는 지식인, 믿을 만한 어른의 모습만 보입니다. 늘 존재만으로도 제게 큰 그늘이 되어 주시는 분입니다.

전남 광주에 사는 K님도 제가 직접 뵈러 간 참여자 중 한 분입니다. 모임을 만난 것이 큰 복이라며 정말 좋아해 주셨고, 광주에 오라고 여러 번 청해주신 분입니다. 어떤 분일까 궁금하여 2019년 12월 종강을 하고 잠시 짬이 나던 날 KTX를 타고 방문했다가 극진한 대접을 받았습니다. 초대해주신 식당에서 즐겁게 담소를 나누며 남도의 한정식을 제대로 맛보았습니다. 식사 후에는 남편분을 불러 차를 타고는 댁까지도 초대해주셨습니다. 그리고 K님 남편분의 안내로 5.18 민주 묘지에도 다녀올 수 있었습니다.

그렇게 식당과 집을 오가며 반나절이 넘도록 K님과 함께 시간을 보냈습니다. 길에서나 댁에서나 주변 분들을 만나면 살갑게 인사를 건네고, 아이들에게는 잊지 않고 꼬박꼬박 이름을 불러주는 K님 모습에서 '따뜻함'이 무엇인지 알게 되었습니다. 평소 책 한 권을 정하면 끝까지 꾸준히 읽으시고, 언제나 찬찬히 곱씹어 삼킨 문장들을 남겨 주던 카톡 속 K님의 실제 모습도 상상하던 그대로였습니다.

K님은 연배가 한참 낮은 저를 늘 선생님으로 칭해주고 높여주셨습니다. 어려운 책은 엄두도 못 내고, 많이 읽지도 못한다면서 부끄러워하지만, 늘 다정한 눈으로 일상을 관조하는 글들을 남겨주어 푸근함을 느끼게 해줍니다. 처음에는 자녀분들께 책을 사달라고 하다가 이제는 인터넷 서점도 척척 잘 이용하고 집 앞 카페 주인장과도 책 얘기를 나누고 서로 책 추천도 한다고 했습니다. 모임 초반에는 책 읽기 인증만 남기다가 어느 순간부터 한두 줄 용기 내어 단상을 쓰시더니 지금은 본인의 발췌문과 단상들을 모아 책으로 묶기까지도 했습니다. 흩어지는 게 아까워서 시작한 일이 본인에게는 뿌듯함으로 자식들에게는 자랑으로 남는다고 했습니다. 최근에는 자라나는 손녀들을 위해 좋은 그림책을 찾아 읽고 손녀에게 직접 읽어주기도 한다고 했습니다.

저는 읽는 것이 세상에서 제일 재미있는 일이고, 이 재미있는 일을 더 많이 하고 싶어 매일 읽기를 습관으로 만들었지만, 처음 도전하는 분들은 독서 부담감을 덜어내는 것이 가장 중요합니다. 그래서 〈30일 매일 읽기 습관〉 모임에서는 책 제목, 읽은 분량, 발췌 또는 단상을 톡으로 남기는 것이 원칙입니다만, 아예 책 제목만 올려도 된다고 안내하고 있습니다. 표지만 보아도 읽은 것이라 말씀드리고, 자기 생각을 쓰는 게 부담스럽다면 발췌만 해도 괜찮다고 말씀드립니다. 발췌하려고 문장 하나를 고르는 것이 부담스럽다면 아예 한 페이지 정도 낭독을 해보라고 권하기도 합니다. 낭독을 좋아하는 저는 가끔 발췌 대신 낭독하는 목소리를 올리기도 합니다. 제가 낭독 파일을 올리면 따라서 몇몇 분들이 읽고 있는 책의 한 페이지 정도를 같이 낭독으로 남겨주시기도 합니다. 그러면 익숙한 이름의 목소리를 들으며 얼굴을 상상해보는 재미가 있습니다. 소리 내어 읽을 때 느끼는 특별한 감흥, 타인의 육성으로 울리는 책의 구절들. 독서의 즐거움이 하나 더 느는 것 같습니다.

굳은 결심으로 모임에 참여해 일주일 정도는 열성적으로 참여하고 발췌도 하고 단상도 남기지만, 하루 이틀 바빠서 못 챙기는 날이 생기다 점점 책과 멀어지며 처음 결심이 흐트러지는 분들도 계십니다. 그럴 때 저는 10분만 타이머를 맞춰 두고서 책을 읽으라고 권합니다. "딱 10분만, 타이머가 울릴 때까지만 책을 잡고 계세요. 그러면 세 쪽이라도 읽을 수 있습니다. 타이머가 울리고도 계속 읽고 싶은 마음이 들면 그냥 계속 읽으면 됩니다. 그렇지 않다면 책을 접더라도 오늘 책 읽기에는 성공한 것입니다."

어떤 책이라도 괜찮습니다. 매일 다른 책을 읽어도 좋습니다. 꼭 한 책을 이어서 읽지 않아도 됩니다. 읽다가 흥미가 떨어지면 그만 읽고 다른 책을 봐도 됩니다. 모든 책을 완독할 필요는 없습니다. 매번 정해진 시간에 읽지 않아도 되고, 책이 아니라 잡지도 괜찮습니다. 타이머가 울릴 때까지 읽기만 하면 됩니다. 어쨌든 매일 무언가를 읽는 행위에 중점을 두고 습관을 기르는 것이 우리 모임의 핵심 목표입니다.

〈30일 매일 읽기 습관〉 모임 단톡방에서 나누는 이야기들 중에는 매일 읽는 습관을 기를 수 있는 팁이 많습니다. 어느 분은 두꺼운 책을 매일 들고 다니기가 어려워 독서가 자꾸 끊어진다고 생각하고는, 출근 전에 그날 읽을 분량을 핸드폰으로 미리 찍어두기 시작했습니다. 핸드폰은 늘 손에 있고 사진은 확대해서 볼 수 있으니 몇 장 정도는 사진으로도 읽을 수 있어 멈추지 않고 독서를 할 수 있다고 했습니다. 이 방법을 쓰면 두꺼운 책을 들고 다니지 않아도 되고, 복잡한 전철에서도 독서를 즐길 수 있다고 합니다.

그리고 아이를 재울 때, 어두운 방에서 아이가 잠들 때까지 기다리는 시간이 아쉽다는 분이 계셨는데, 그분께는 전자책 읽기를 추천해 드렸습니다. 종이책보다는 책의 느낌과 물성을 살리지 못하지만 언제 어디서든 가볍게 읽을 수 있는 장점이 있습니다. 매일 한 시간 넘게 운전을 하며 출퇴근하시는 분들에게는 오디오북 이용도 추천해 드립니다. 눈으로 읽는 것만큼 집중할 수는 없지만 듣기만으로도 충분히 책 읽은 효과를 얻을 수 있습니다. 그리고 오디오북은 책 읽는 데 눈이 불편하다고 말씀하시는 분들에게도 훌륭한 보조 수단의 역할을 합니다. 듣다가 좋은 부분이 있거나 발췌하고 싶은 부분이 많아 한 번 더 읽고 싶을 때는 직접 종이책을 구해 읽으면 됩니다.

읽던 책을 직장이나 다른 곳에 두고 와서 읽을 게 없다, 집에 있는 책은 이미 다 읽은 책이라 더이상 읽고 싶지 않다고 말씀하시는 분들도 있습니다. 그럴 때는 인터넷 서점의 '미리 보기' 기능을 활용해 보라고 알려 드립니다. 교보문고를 비롯해 알라딘, 예스24 같은 인터넷 서점에서는 책 일부를 미리 읽어볼 수 있도록 '미리 보기'를 제공합니다. 적게는 6페이지, 많게는 30페이지까지도 읽어볼 수 있습니다. 이책 저책 관심 있는 책들을 클릭하며 미리 보기를 하다 보면, 새로운 책을 알게 되고, 나아가 구매하고 싶어지기도 합니다. 결과적으로 그렇게 해서 좋은 책 한 권을 만날 수 있다면 정말 좋은 일이지 않을까 싶습니다.

〈30일 매일 읽기 습관〉 모임은 현재 63기가 진행되고 있습니다. 특별한 이벤트 없이 그저 각자의 책을 읽었을 뿐인데, 이 모임이 7년이나 지속될 줄은 몰랐습니다. 어떻게 이렇게 긴 시간 동안 계속 할 수 있었을까요? 생각해보면 '꼭 필요했기 때문'이라는 답부터 떠오릅니다. 회원들의 도서 목록을 정리하며 수많은 책을 소개받았고, 발췌로 좋아하는 문장을 되새겼고, 단상 남기기를 하면서는 글쓰기 실력을 늘렸습니다. 그리고 나를 돌아보게 하고 겸손하게 만드는 동료를 만났습니다.

　인간만이 '자기 내면'을 들여다볼 수 있는 존재입니다. 매일 책을 읽는 행위는 자신을 들여다보는 행위입니다. 저는 매일 책을 읽는 것이 내면의 거울을 닦는 것과 같다고 생각합니다. 내면의 거울이 깨끗하면 세상을 좀 더 명료하게 볼 수 있고, 세상이 좀 더 명료하게 보이면 좀 더 지혜롭게 인생을 살아갈 수 있습니다. 이것이 인문학을 공부하는 습관 아닐까요? 이전보다 '좀 더 나은 나'가 되어가는 중입니다.

## 책을 손에 놓지 않는 방법 10가지

1) 매일 책을 손에 든다(직접 만진다).

2) 인터넷 서점 앱을 자주 열어본다.

3) 서점, 도서관 등 책이 있는 곳을 자주 방문한다.

4) 오디오북이나 전자책 등 책을 읽을 수 있는 다양한 경로를 열어 둔다.

5) 남들이 좋다고 하는 책보다 나에게 '재미있는' 책을 선택한다.

6) 완독해야 한다는 부담감을 내려놓는다.

7) 너무 바쁠 때는 10분 타이머에 맞춰 읽어본다.

8) 낭독해 본다.

9) 읽은 것에 대해 사람들에게 이야기해 본다.

10) 책 읽는 사람들과 친하게 지낸다.


## 독서를 잘할 수 있도록 안내해주는 책 5권

1) 소설처럼 / 다니엘 페나크 지음, 이정임 옮김 / 문학과지성사

2) 어린이책 읽는 법 / 김소영 지음 / 유유

3) 읽는 인간 / 오에 겐자부로 지음, 정수윤 옮김 / 위즈덤하우스

4) 어른이 되어 더 큰 혼란이 시작되었다 / 이다혜 지음 / 현암사

5) 서울리뷰오브북스 / 서울리뷰오브북스 편집부(엮은이) / 서울리뷰오브북스

# 인류 보편의 가치를
# 공부한다

## 고전 문학 읽는 습관

전은경

전은경: 문학으로 삶을 배우고, 문학에서 길을 찾고 있습니다. 문학을 통해 타인의 삶에 가까이 다가가고, 문학으로 사회의 균열을 봅니다. 소소하고 지루해 보이는 일상에 깊은 의미를 부여해줄 수 있는 것은 문학뿐이라고 믿습니다. 문학을 읽는 동안 불편하게 보이는 것들이 많아졌지만, 그 의미를 알기에 쉽게 절망하지 않습니다. 도서관, 학교, 지자체 등 전국 여러 기관에서 책 읽기와 글쓰기에 대해 강의합니다.

영화 《패터슨》의 주인공 패터슨은 운전기사입니다. 그의 23번 버스가 매일 같은 루트로 이동하는 것처럼 패터슨의 시간은 반복과 연속으로 가득합니다. 매일 아침 침대에서 아내 로라의 꿈 이야기를 듣고 시리얼을 먹은 후 출근합니다. 도로를 달리며 승객들이 나누는 대화에 귀 기울이다, 아내가 준비한 도시락을 먹고 일이 끝나면 걸어서 집으로 돌아갑니다. 그리고 애완견 마빈을 산책시키고 동네 바에서 맥주 한 잔을 마시면 하루가 끝이 납니다. 영화는 두 시간 내내 '아무 일도 일어나지 않는' 고요한 일상을 보여주지만, 관객의 내면은 운동하기 시작합니다. 시종일관 대화도 몇 마디 나오지 않는 영화지만 짐 자무쉬 감독이 포착한 장면은 모두의 일상이며 그 '아무 일도 일어나지 않는' 시간의 가치를 질문하고 있습니다.

패터슨의 지루하리만치 똑같은 일상은 '시 쓰기'에서 특별함으로 변주됩니다. 그는 비록 등단한 시인은 아니지만 보고, 듣고, 느낀 순간을 시로 옮깁니다. 버스 운행을 시작하기 전, 점심을 먹고 난 후, 일과를 마치고 잠자리에 들기 전. 무엇이 쓸모 있는 일인지 고민하기보다 자신에게 찾아온 감정을 놓치지 않고 기록합니다. 자기만의 방식으로 일상을 표현하는 것이라 할 수 있습니다. 결국 삶의 의미는 패터슨처럼 변주 가능한 지점에서 시작되는 것 아닐까요?

고전을 읽고 세계적인 대문호와 나누는 대화는 저에게 패터

슨의 시 쓰기와 같습니다. 늘 현실은 경제적 문제를 해결하고
자 하는 일에 치이지만, 매일 고전 문학을 읽으며 마주하는 질
문은 현실의 배고픔을 잊게 합니다. 삶의 의미와 이유를 맹렬
히 파고드는 질문이라서 그렇습니다. '계층의 차별과 억압은
불가피한가?' '개인의 언어는 삶에 어떠한 영향을 미치는가?'
'타인을 온전히 이해하는 일은 가능한가?'와 같이 쉬이 답할 수
없는 질문은 오래도록 고민을 이어가게 하고, 가끔은 불편함과
당혹감을 주기도 합니다. 그럼에도 고전 문학 읽기를 멈출 수
없는 이유는 맹목적으로 매일의 주어진 시간을 쫓으며 타인보
다 더 잘살고 있다는 우월감으로 제 삶을 채우고 싶지 않기 때
문입니다. 세상의 잣대에 '나'를 맞춰 모두가 비슷해지는, 그래
서 존재감이라는 것을 상실해 버린 그런 인생을 살고 싶지는
않기 때문입니다.

　고전으로 떠나는 저의 여정은 다소 무모하게 시작되었습니
다. 처음에는 보이는 대로, 닥치는 대로 읽어 나갔습니다. 알베
르 카뮈, 헤르만 헤세, 제인 오스틴, 오노레 드 발자크, 서머싯
몸, 하인리히 뵐 등 세계 고전 문학에서 반드시 언급되는 작가
들의 작품을 탐독했습니다. 그런데 읽다 보니 작품들의 공통점
이 보이기 시작했습니다. 궁극적으로 모두가 같은 질문을 하고
있다는 것을 알게 되었습니다. 그들이 살았던 시대와 공간, 환
경은 달랐지만 인간이라면 묻지 않을 수 없는 질문, 바로 '인간

이란 무엇인가'를 치열하게 묻고 있었습니다. 그리고 알게 되었습니다. 그것을 묻지 않고서는 결코 남들과 다른 삶을 살 수 없다는 것을요.

'인간이란 무엇인가' 너무나 거대하면서도 우리 자신이 인간이기에 모를 수 없을 것처럼 느껴지는 질문입니다. 하지만 인류가 탄생한 지 수천 년이 지났어도 우리는 아직 이 질문에 대한 정답을 갖고 있지 않습니다. 각자가 갖고 있는 답은 있을지언정 정답이라고 단언할 수는 없습니다. 인간은 몇 문장의 글로 정의할 수 없을 만큼 복잡하고 난해한 존재이기 때문입니다. 그래서 이 질문에 대한 답을 찾아가는 것이 곧 인문학 공부입니다.

세계적인 대문호들은 각자의 방식으로 인간을 탐구하고, 자신이 목도한 인간의 본성을 작품으로 그려냈습니다. 개인적으로 생각하기에 인간 탐구의 대가는 19세기 러시아 작가 도스토옙스키입니다. 그의 작품은 인간의 근본 욕망이 기존 관념과 어떻게 충돌하는지 잘 보여줍니다. 그곳에서는 우리의 민낯이 그대로 드러납니다. 그의 5대 장편(『죄와 벌』,『백치』,『악령』,『미성년』,『카라마조프 가의 형제들』)은 인간 탐구의 절정을 담고 있습니다.

이글에서 저는 도스토옙스키 작품 세계의 출발점이 되는 『죽음의 집의 기록』을 잠깐 얘기하고자 합니다.『죽음의 집의 기록』은 아내를 죽인 한 수형자의 유형 생활을 기록한 책입니다. 작가는 죄수들의 행동에서 나타나는 심리를 분석하고, 형벌이 죄의식을 불러일으킬 수 있는 제도인지 질문합니다. 또한 자유가 극단적으로 차단된 감옥이라는 공간에서 돈은 오히려 열 배나 더 귀중한 것이 된다는 것을 간파합니다. 도스토옙스키는 실제로 페트라솁스키 서클(사회주의 모임)에 참여했다가 내란 음모죄로 체포되어 유형 생활을 한 적이 있습니다. 유형 생활에서의 가장 큰 어려움을 '단 1분이라도 혼자일 수 없는 공간'이라고 고백했습니다. 자유가 억압된 상황을 경험했고 그 순간에 드러나는 인간의 민낯을 작가 스스로 직접 체험했습니다.

많은 사람들은 자신이 억압받는다고 생각하지 않습니다. 누구나 '난 자유로운 인간이야'라고 느낍니다. 먹고 싶은 것을 먹고, 가고 싶은 곳을 갈 수 있는 자유가 있지만, 이를 진짜 자유라 말할 수 있을까요? 혹 사회로부터 학습된 자유는 아닐까요? 누군가가 만들어 놓은 틀 안에서의 자유, 즉 조작된 자유는 아닐까요? 한 달에 걸쳐 『죽음의 집의 기록』을 읽으면서 스스로에게 이런 질문을 했습니다. 그리고 '삶이란 자유를 찾기 위한 투쟁이구나' 하는 생각에 도착했습니다. 어렸을 때는 부모나 학교의 통제로부터 벗어나기 위해 투쟁을 하고, 성인이 되어서는 우리를 억압하는 또다른 것들, 말하자면 직장생활에서 빼앗기는 자유, 상사에게 하고 싶은 말을 다 할 수 없는 자유, 갑을 관계에서 침범당한 자유를 지키고자 하는 투쟁, 그런 생각을 하게 되었습니다.『죽음의 집의 기록』의 전체 주제가 이것 뿐이냐? 그렇지도 않습니다. 독서를 하며 품게 된 질문 일부만 보여 드린 것뿐입니다. 도스토옙스키는 돈과 자유의 관계, 범죄자의 도덕의식, 인간의 이중성, 종교의 문제 등 우리를 깊이 사유하게 하는 다양한 질문을 스토리 안에 녹여 두었습니다.

이탈리아 작가 이탈로 칼비노는『왜 고전을 읽는가』에서 고전을 읽는 이유를 이렇게 설파합니다. "고전이란 특별한 영향을 미치는 책들이다. 그러한 작품들은 우리의 상상력 속에 잊을 수 없는 것으로 각인될 때나, 개인의 무의식이나 집단의 무의식이라는 가면을 쓴 채 기억의 지층 안에 숨어 있을 때 특별한 영향력을 발휘한다."

고전 문학 한 권을 읽는다고 하루아침에 삶이 달라지진 않습니다. 하지만 이탈로 칼비노가 말했듯 고전은 기억의 지층에 켜켜이 쌓여 있다 결정적인 순간에 용암이 분출하듯 튀어나옵니다. 중요한 결정을 해야 할 때, 내가 진정으로 원하는 것이 무엇인지 알 수 없을 때, 눈앞에 보이는 현실과의 타협을 종용받을 때, 나의 세계관에서 벗어나지 않는 결정을 하도록 도와줍니다.

2015년부터 시작된 〈고전 문학 매일 읽기〉 모임은 현재까지도 이어지고 있습니다. 조심스럽게 예측해 보자면 읽는 행위가 멈추지 않는 한 계속해서 이어질 것으로 생각합니다. 누군가 제게 왜 고전 문학을 고집하느냐, 라고 묻는다면 시대와 이념을 초월하는 거대한 진리가 담겨 있다는 답보다 '나'를 지키며 사는 삶이 무엇인지 알 수 있기 때문이라고 말하고 싶습니다. 우리는 온전히 자신의 의지로 삶을 채워가지 못할 때가 많습니다. 사르트르가 희곡 『닫힌 방』에서 언급한 것처럼 타인이라는 지옥에 충실한 일원으로 타인의 시선을 의식하며 살아갑니다. 그래서 자유로운 삶을 살고 싶다면, 자신 그대로를 지키며 살고자 한다면 고전 읽기를 당장 시작해야 합니다.

그동안 도스토옙스키 5대 장편은 물론이고 가브리엘 가르시아 마르케스, 귀스타브 플로베르, 밀란 쿤데라 등 세계 문학에서 빼놓을 수 없는 작가들의 작품을 함께 읽어오고 있습니다. 나와 다른 생각에 귀 기울일 때 건강한 소통이 가능하다는 것은 누구나 아는 것이지만 실천에 옮기는 사람은 그리 많지 않습니다. 모임을 통해 타인의 생각을 읽는다는 것은 인간을 이해하고 노력하는 가장 기본적인 실천입니다.

세월이 흐르고 세상이 변해도 절대 변하지 않는 인류 보편의 가치가 있습니다. 고전 문학은 바로 그 인류 보편의 가치에 집중합니다. 자명하다고 생각되는 것을 다시 보게 하고 다르게 생각할 수 있도록 도와줍니다. "어차피 만들어낸 이야기인데,

소설은 읽어서 뭐하냐"라고 말하는 분들도 적지 않습니다. 하지만 소설, 특히 고전으로 살아남은 '만들어진 이야기'는 우리의 진짜 모습을 가장 압축적으로 보여줍니다. 그래서 내가 알아차리지 못하는 세상의 또 다른 이면을 볼 수 있습니다. 인간 사회가 아무리 달라져도 탄생과 죽음 같은 바뀌지 않는 조건이 있는 것처럼, 고전에는 인간의 탄생과 죽음에 대한 오랜 사유가 담겨 있습니다. 우리는 이 기록으로 매일 마주하는 삶의 불안과 고통을 없애려 합니다. 인문학이 추구하는 이상도 이와 다르지 않습니다.

오늘도 고전 속에서 삶을 배우고 나아갈 길을 찾습니다. 고전을 통해 질문하고 사유하는 삶을 실천하는 중입니다.


## 죽기 전에 꼭 읽어야 할 고전 문학 10편

다양한 번역판이 있고 독서 수준에 따라 완역 혹은 축약 판을 볼 수도 있어 따로 판본(출판사 등)을 밝히지는 않았습니다. 자신의 독서 능력과 취향에 맞춰 선택해서 읽으시면 됩니다.

1) 카라마조프 가의 형제들 / 표도르 도스토옙스키 지음

2) 백년의 고독 / 가브리엘 가르시아 마르케스 지음

3) 불멸 / 밀란 쿤데라 지음

4) 레미제라블 / 빅토르 위고 지음

5) 세월 / 버지니아 울프 지음

6) 안나 카레니나 / 레프 톨스토이 지음

7) 마담 보바리 / 귀스타브 플로베르 지음

8) 이방인 / 알베르 카뮈 지음

9) 돈키호테 / 미겔 데 세르반테스 지음

10) 잃어버린 시간을 찾아서 / 마르셀 프루스트 지음

# 옛 시인이 던지는
# 돌멩이 하나

### 한시를 필사하고 낭송하는 습관

김예원

김예원: 학부에서는 중어중국학을, 대학원에서는 한어국제교육학을 전공했습니다. 20대 내내 중국과 인연 맺고 살다가 무작정 퇴사해 남편과 세계여행을 떠났습니다. 그 길목에서 우연히 만난 글쓰기를 통해 내면의 '나'와 마주했고, 독서 토론과 필사를 통해 타인과의 진정한 소통을 경험했습니다. 현재 숭례문학당 강사로 활동하며 시아버지와 함께 『한 지붕 북클럽』을 공저했습니다. 책과 여행, 클래식과 한시를 사랑합니다.

새벽 5시 50분, 한 편의 한시(漢詩)를 '필사방'에 올리면서 하루를 시작합니다. 여기서 필사방(筆寫房)이란 제가 운영하고 있는 온라인 필사 모임 〈하루 한시 필사〉의 단체 채팅방을 가리킵니다. 이 방에서 우리는 함께 담소도 나누고, 차도 마시며(각자 마시는 것이지만), 좋은 글귀도 옮겨 씁니다. 하지만 한 번도 만나 본 적은 없습니다. '필사 벗'들과 매일 소통하고 마음속 이야기를 털어놓을 수 있는 이유는 서로와 서로를 연결해주는 시, 한시가 있기 때문입니다.

한시는 한자로 쓰인 시입니다. '한자(漢字)' 하면 일단 머리부터 아파지는 분들도 계실 테지요. 한 획 한 획 쓰기도 힘들고, 읽기도 어려운 한자. 이 한자로 만든 문장이 한문(漢文)입니다. 이제는 뉴스 기사나 책에서도 한자와 한문은 찾아보기 힘듭니다. 그래서 한자를 몰라도 글을 읽고 쓰는데 아무런 문제가 없습니다. 하지만 한자를 배워야 한다고 주장하는 분들은 우리말 어휘에 한자어가 높은 비율로 차지하고 있다는 걸 지적합니다. 그래서 어휘력과 문해력을 높이기 위해서는 적극적인 한자 교육이 시행되어야 한다고 주장하는 분들도 있습니다. 한자교육의 필요성 여부를 떠나, 2년 남짓, 매일 한시를 읽고 필사하는 습관을 갖고 있는 저로서는 한자와 한시는 단순히 문해력 수준을 뛰어넘는 그 이상의 어떤 가치가 있다는 생각을 합니다. 바로 깊은 사유와 성찰을 가능케 하는 힘입니다.

우리는 정말 빠른 세상에서 살고 있습니다. 요즘은 스피드가 돈이 되는 세상입니다. 그래서 책도 속독으로 읽으려 하고, 일도 속전속결로 합니다. 요즘은 책 읽는 것도 답답하게 여겨 핵심만 콕 집어 제작한 유튜브 영상에 의지하기도 합니다. 빠른 속도와 높은 효율성이 지배하는 세계, 매일같이 쏟아지는 각종 신기술과 신제품 사이에서 옛 것이라고 할 수 있는 한시와 어깨가 뻐근해지는 것을 견뎌가며 손으로 해내는 필사는 마치 시대를 역행하는 일 같기도 합니다.

하지만 한 자 한 자 필사하다 보면 지금껏 너무나 빠른 속도로 너무 많은 것을 받아들이고 비워내고 있었구나 하는 사실 또한 깨닫게 됩니다. 단단히 동여맨 고삐가 보이고, 숨 가쁜 일상의 굴레에 점점 지쳐가는 몸과 마음도 보입니다. 저는 이 고삐를 느슨히 하는 시간, 잠시 멈춰 서서 지나온 길을 천천히 되돌아보는 시간이 우리에게 반드시 필요하다고 봅니다. 그리고 그 시간을 통해 자신을 똑바로 보고, 딱딱하게 웅어리졌던 무언가를 녹여 다시금 앞으로 나아갈 힘을 얻을 수 있다고 생각합니다.

한시의 소재는 다양합니다. 자연과 사람, 세상과 인생을 노래합니다. 몇백 년, 몇천 년 전 이 땅을 살다 갔던 시인 역시 우리처럼 '희노애락애오욕(喜怒哀樂愛惡慾)'의 감정이 있는 보통 사람이었습니다. 집을 떠나 있었다면 오랫동안 만나지 못한 가족과 친구를 그리워했고, 뛰어난 재능을 갖고 있음에도 쓰임을 받지 못했다면 자신의 뜻을 알아주지 않는 세상을 원망했습니다. 어김없이 찾아오고 또다시 흘러가는 봄을 아쉬워도 했고, 죽음을 앞두고서야 삶의 아름다움을 깨닫기도 했습니다. 그들의 얼굴은 현재를 사는 나의 얼굴이자 우리의 얼굴이기도 합니다. 인생의 단맛과 쓴맛 역시 그때나 지금이나 매한가지입니다. 그래서 한시를 읽다 보면 과거의 시인들은 저렇게 노래했는데, "나는 지금 어떤가?" "내 마음이 가리키는 방향은 어디인가?" 이런 질문을 하지 않을 수 없습니다. 마치 옛 시인들이 제 마음속으로 돌 하나를 던지고 있음을 느끼게 됩니다. 그러면 더 이상 옛 시인의 목소리가 아닌 제 목소리에 귀를 기울이게 됩니다. 이때가 한 편의 한시가 깊은 사유의 시간으로 나를 이끄는 순간입니다.

북송 시대 대문호 소동파는 자신의 시가 조정을 모욕하고 비방했다는 죄목으로 인생 최대의 위기를 겪게 됩니다. 그는 정적들의 모함으로 붙잡히고 옥에 갇히는 고초를 겪습니다. 긴 시간 죽을 고비를 넘긴 그는 겨우 사형만 면한 채 낯선 땅 황주로 유배를 당합니다. 그곳에서 어렵게 거처를 마련한 후 지은 시가 〈천거임고정(遷居臨皐亭)〉입니다.

이 세상에서 살아가는 나는

我生天地間

거대한 맷돌 위 개미와 같으니

一蟻寄大磨

내 아무리 오른쪽으로 가려 해도

區區欲右行

왼쪽으로 도는 세상을 어찌 못하네

不救風輪左


세상을 바꾸기 위해 애를 썼지만 자신을 알아주기는커녕 오히려 먼 타향으로 쫓겨난 시인의 마음은 참담하기가 그지없습니다. 거대한 맷돌 위 개미와 같은 자신의 처지가 안타깝고 무력하게 느껴졌을 것입니다.

저도 그랬습니다. 이루고 싶은 삶은 오른쪽에 있는 것 같은데, 그곳에 다다르지 못하는 저 자신이 원망스러웠고, 더 앞으로 더 높은 곳으로 나아가는 사람들 속에서 우두커니 서 있는 제 자신이 답답했습니다. 아무리 노력해도 나아지지 않는 삶, 제 뜻대로 움직이지 않는 '거대한 맷돌'이 하루하루를 짓누르고 있는 것 같았습니다. 그러다 소동파의 헛헛한 마음에서 현재를 살아가는 저 자신을 엿보았습니다. 〈적벽부(赤壁賦)〉는 소동파가 유배되었던 황주에서 지은 작품입니다.

저 천지간 물건은 각각 주인이 있기에

且夫天地之間 物各有主

내 소유가 아니면 터럭 하나 취할 수 없으나

苟非吾之所有 雖一毫而莫取

오직 강가의 맑은 바람과 산간의 밝은 달은

惟江上之淸風 與山間之明月

귀로 들으면 소리가 되고 눈으로 보면 색을 이루어

耳得之而爲聲 目寓之而成色

취해도 금하는 이 없고 써도 다하지 않느니

取之無禁 用之不竭

조물주의 이 무진장한 보물을

是造物者之無盡藏也

나와 그대가 더불어 즐기리라

而吾與子之所共樂


　시인은 자신이 겪은 고난과 시련을 쏟아내기도 했지만, 힘든 시간을 통과하여 건져 올린 삶의 통찰을 담아내기도 했습니다. 소동파가 유배지에서 쓴 이 작품에는 한 인간의 쓰디쓴 고뇌와 스스로를 향한 성찰이 오롯이 묻어 있습니다. 그의 시가 천 년 이라는 아득한 세월을 건너 현재를 살아가는 많은 이들의 가슴에 깊은 공명을 일으키는 이유입니다.

지난겨울, 한시 모음집을 뒤적거리다가 문득 눈길이 멎은 한 구절을 만나 노트에 옮겨 적었습니다. 송나라의 문인 대익의 〈탐춘(探春)〉이라는 시입니다. 우리 말로는 〈봄을 찾아서〉라는 제목의 시입니다.

온 종일 봄 찾아 헤맸으나 보이지 않아

盡日尋春不見春

지팡이 짚고 몇 겹 구름 헤치며 두루 다녔네

杖藜踏破幾重雲

돌아오는 길 우연히 매화나무 밑을 지나는데

歸來適過梅花下

봄은 매화 가지 끝에 이미 무르익었더라

春在枝頭已十分

구름 낀 산천을 온종일 헤맸으나 찾지 못했던 봄이 실은 돌아오는 길 매화 가지 끝에 있다니. 이미 내 주변은 한창 무르익은 봄이었는데, 어째서 발견하지 못한 걸까? 저 먼 산과 들판과 층층의 구름을 지나고 나서야 비로소 그토록 기다리던 봄을 만날 수 있다고 생각한 것은 아닐까? 시인은 그렇게 묻는 것 같습니다.

저는 한때 삶의 행복은 저 먼 곳에 있다고 생각했습니다. 그래서 멀리멀리 행복을 찾아 길을 나서곤 했습니다. 안정된 직장에 취직하고 돈을 벌고 좋은 집 좋은 차로 나의 가치를 증명해 보인다면 그것이 바로 행복이며 성공하는 삶이라 생각했습니다. 그러던 어느 해 날마다 쳇바퀴 돌듯 반복되는 직장생활에 지쳐갈 무렵 문득 낯선 세계로 떠나는 여행을 꿈꿨습니다. 그리고 떠났습니다. 하지만 여행길이 길어지면서 후회와 불안이 물밀듯 들어왔습니다. 지척에 있는 봄을 알지 못하고 구름 속을 정처 없이 헤매는 것과 같았습니다.

따뜻한 봄날은 한겨울 추위와 매서운 바람이 휩쓸고 간 바로 그 자리에 찾아오는 것임을 그때는 몰랐습니다. 한시를 만나고, 한시를 읽게 되고, 한시를 옮겨 쓰는 동안 많은 생각이 오갔습니다. 필사는 결국 제 걸음을 늦추게 했습니다. 그리고 내면을 가만히 들여다보는 기회를 선물했습니다. 한 획, 한 자, 한 구절을 필사하는 동안 제 마음은 옛 시인의 마음과 연결되고 새로운 깨달음으로 차올랐습니다. 스산했던 마음 한구석에 따스한 햇볕이 내려왔습니다.

저는 한시를 필사뿐만 아니라 낭송으로도 읽습니다. 눈으로 읽고 머리로만 이해하는 것은 한시의 오묘하고 깊은 맛을 충분히 음미한다고 말하기 어렵습니다. 한시를 한 자 한 자 종이에 옮겨 쓰고, 그때마다 떠오르는 생각을 음미하며 한마디씩 낭송해보는 것이 결코 울림이 더 작지 않다는 것을 알고 있습니다.

필사와 낭송은 혼자가 아니라 함께 할 때 더 오래 꾸준히 즐겁게 할 수 있습니다. 아무리 좋은 일이라도 혼자서 지속하기란 쉽지가 않습니다. 운동이 그렇고 독서도 그렇습니다. 바쁜 일과 속에 있다 보면 우선순위에서 밀리고, 그렇게 하루 이틀 미루다 보면 어느덧 몸과 마음에서 멀어집니다. 좋은 습관을 기르기 위해서는 일정한 시간과 의식적인 노력이 반드시 필요합니다. 그럴 때 도움을 받는 방법이 바로 소모임이나 동아리를 구성해 함께 하는 것입니다. 필사 모임에 참여하면 시에 대한 감상을 폭넓게 나눌 수 있다는 점에서 좋습니다.

한 권의 책에 대한 독자들의 감상평이 각기 다르듯 한시도 마찬가지입니다. 앞에서 소개한 한시 〈탐춘(探春)〉을 읽고 누구는 나와 가까운 곳의 행복에 대해, 누구는 도와 진리에 대해, 또 다른 누구는 인생의 때와 시절인연(時節因緣, 모든 사물의 현상이 시기가 되어야 일어난다는 말을 가리키는 불교용어)에 대해 말합니다. 이렇게 다양한 생각과 감정을 나누다 보면, 새로운 깨달음과 배움이 찾아옵니다. 단편적인 생각에서 벗어나 더욱 확장된 시선으로 나와 타인, 인생과 세계를 바라보게 됩니다. 함께하는 이들은 배움의 길을 동행하는 벗이자 서로를 자라게 하는 스승이 됩니다.

마지막으로 조선 중기의 문신 강백년이 지은 한시 〈산행(山行)〉을 소개하고자 합니다. 제가 가장 좋아하는 시 중 하나입니다. 이 시는 결코 평탄하지 않은 인생 여정에서 길을 잃지 않고 끊임없이 앞으로 나아가게 하는 것은 결국 나 자신으로부터 비롯된다는 것을 가르쳐 주는 시입니다.

한 편의 시가 우리 모두에게 든든한 동행이 되어줄 수 있기를 바랍니다.


십 리를 가도 가도 사람 소리 없고
十里無人響
텅 빈 산에 봄 새 지저귀네
山空春鳥啼
스님 만나 길을 물었는데
逢僧問前路
스님 떠나시자 다시 길을 잃었네
僧去路還迷

# 꼭 필사하면 좋은 한시 열 수

이곳에 전문을 옮기기는 힘들어 시의 제목과 작가만 밝힙니다. 인터넷 검색을 통해서 전문과 뜻을 확인하고 필사도 꼭 해보시기 바랍니다.

1) 〈영수석(詠水石)〉(샘물을 노래하다) / 정약용(丁若鏞)[朝鮮]

2) 〈제물시(齊物詩)〉(제물시) /유월(兪樾)[淸]

3) 〈화비화(花非花)〉(꽃 아닌 꽃) / 백거이(白居易)[唐]

4) 〈관서유감(觀書有感)〉(책을 보다가 느낀 바 있어) / 주희(朱熹)[宋]

5) 〈야설(野雪)〉(들판 위의 눈) / 이양연(李亮淵)[朝鮮]

6) 〈운산(雲山)〉(구름 머무는 산) /보우(普愚)[高麗]

7) 〈자탄(自歎)〉(스스로 탄식하다) /이황(李滉)[朝鮮]

8) 〈춘야희우(春夜喜雨)〉(봄밤의 반가운 비) /두보(杜甫)[唐]

9) 〈제서림벽(題西林壁)〉(서림사 벽에 적다) /소식(蘇軾)[宋]

10) 〈영정중월(詠井中月)〉(우물 속의 달) /이규보(李奎報)[高麗]

# 내 안의 고정 관념을 깨다

## 철학 책을 읽는 습관

윤영선

윤영선: 33년간 정부 및 민간단체 연구기관에서 연구원으로 종사하다 2015년 정년퇴직 했습니다. 은퇴 후 다른 삶을 살고 싶어 지금까지 숭례문학당의 인문학 공부 도반들과 책 읽고 글쓰기를 꾸준히 실천해오고 있습니다. 학당 동료들과 『은퇴자의 공부법』, 『아빠, 행복해?』 등 네 권의 책을 공저했습니다. 글쓰기와 철학책 함께 읽기 프로그램을 진행하고 있습니다. 그림 그리기를 좋아해 현재는 누드크로키 공부를 하고 있습니다.

책장 가득 빽빽이 꽂힌 책들을 휙 둘러봅니다. 문학, 철학 그리고 나머지. 대략 세 가지로 분류가 되네요. 저는 이렇게 세 종류의 책들을 1/3씩 갖고 있습니다. 가만 보니 저의 책 읽기 습관을 가장 잘 말해주는 숫자인 것 같습니다.

저는 책을 좋아하긴 하나 독서광은 아닙니다. 한 달에 대여섯 권 읽는 게 전부입니다. 문학 두세 권, 철학 한두 권, 기타 두세 권 정도 읽습니다. 이중에서는 철학책을 가장 적게 읽는 편입니다. 책장에 꽂아 두기만 하고 읽지 않은 책 중 상당수는 철학책입니다. 아직 읽지 못한 책, 내 손길만 기다리고 있는 책을 보고 있으면 괜스레 미안한 마음이 듭니다. 책을 구입할 때는 저 안에 무엇이 있을까 호기심에 이끌려 선택했지만 막상 쉽게 다가가지 못하고 있습니다. 철학책은 제게 그런 이미지의 책입니다.

돌아보면 철학 공부에 관심을 갖기 시작한 것은 직장생활 말년 즈음이었습니다. 지금까지 살아온 삶에 후회가 밀려오던 때였습니다. 세상이 안내해준 대로 살아왔건만 속물이 다 되어버린 자신이 너무 부끄럽고 속상했습니다. 그야말로 각박한 세상에 식구들 밥 굶기지 않으려고 몸부림친 것밖에 없는데, 무엇 하나 저란 존재를 의미 있게 만들어 주는 것은 없었습니다. 지독히도 삭막했습니다. 그런 절망감 속에서 철학책을 읽기 시작했습니다. 나에게 무슨 문제가 있는 건지, 어떻게 하면 지금까지와 다른 삶을 살 수 있는지 알고 싶었습니다. 그러나 솔직히 말해, 그때 무슨 책을 읽었는지 그리고 책을 읽고 무엇을 얻었는지 기억나는 것은 하나도 없습니다.

책을 읽는다고 해서 당장 어떤 문제가 해결되는 것은 아니지만 이상하게도 한 권, 한 권 목록이 쌓일 때마다 세계와 인간을 바라보는 철학자들의 사유에 대한 호기심은 커져만 갔습니다. 그 시절 틈만 나면 꺼내 읽곤 했던 책이 있었습니다. 강신주의 『철학 VS 철학』입니다. 구백 페이지가 넘는 대작입니다. 서양편과 동양편으로 나누어 특정 주제별로 두 철학자의 상반된 관점을 제시하는 방법으로 철학을 무척 흥미롭게 보여주는 책입니다. 이 책을 읽으며 저는 철학의 세계에 한발 깊숙이 다가서는 기분을 느꼈습니다. 그리고 이름만 알고 있었을 뿐인 철학자들과 조금은 친해진 기분도 들었습니다. 비트겐슈타인은 이름마저도 너무 멋있다는 생각을 할 정도였으니 말이죠. 그러면서 조금씩 철학자들의 생각을 좇는 과정이 마치 새로운 세계를 탐험하는 기분처럼 느껴졌습니다. 낯선 사유에 대한 경외감은 저를 철학의 세계로 점점 더 깊이 안내했습니다.

정년퇴직 1년 전부터 철학 공부를 제대로 하고 싶어 경복궁 서문 옆에 있는 '철학아카데미'라는 대중 철학 교실의 문을 두드렸습니다. 정식 회원으로 가입해 3년 가까이 철학 강의를 들었습니다. 그렇다고 엄청 체계적인 공부를 한 것은 아닙니다.

그냥 관심이 드는 분야를 중심으로 이 강의 저 강의를 들었습니다. 현대 철학 중에서도 특히 프랑스 철학에 관한 강의를 자주 들었습니다. 레비나스, 퐁티, 라깡, 푸코, 데리다, 들뢰즈, 블랑쇼 등. 지금은 친숙한 이름이지만 대부분은 강의를 들으며 처음으로 알게 된 이름입니다.

이들의 책을 읽고 강의를 들으며 조금씩 내가 있는 세계와 내가 갖고 있던 인간에 대한 생각이 고정 관념일지도 모른다는 생각이 들기 시작했습니다. 조금 어려운 얘기로 구조주의와 현상학적 접근의 포스트모던 철학을 배우며 인간을 이성적 존재로만 인식하는 접근을 버리기 시작했습니다. 그리고 인간 사회를 선과 악, 진리와 거짓 등으로 보는 이분법적 관점의 위험성을 깨닫게 되었습니다. 이들 현대 프랑스 철학자의 사유 세계에서는 철학과 문학의 경계마저도 없어 보였습니다.

철학 얘기를 하다 보니 자연스럽게 제 삶의 또 다른 동반자, 문학에 대해서도 말하지 않을 수 없네요. 지금 제 삶에 있어 철학과 문학은 일종의 콜라보입니다. 철학책을 읽기 시작한 때보다 몇 년 더 늦게 그러니까 직장을 은퇴한 후, 본격적으로 문학책 읽기를 시작했습니다. 학창 시절 이후 거의 40년 만이었습니다. 문학책을 읽으며 깊은 즐거움을 누리게 된 것은 그동안 간간이 읽어왔던 철학적 지식과 사유의 힘 덕분이었습니다. 아마 철학 공부를 하지 않았더라면 문학책 읽기가 재미있을 수 없었을 것입니다.

서머싯 몸의『달과 6펜스』, 니코스 카잔차키스의『그리스인 조르바』, 밀란 쿤데라의『참을 수 없는 존재의 가벼움』을 읽으며 저는 니체의 고독하고도 웅대한 생철학에 빠져드는 기쁨을 누렸습니다. 망치를 든 철학자 니체는 삶의 허무에 맞서 인간 스스로 '위버맨쉬(초인(超人))'가 될 것을 강조했는데,『달과 6펜스』의 스트릭랜드와『그리스인 조르바』의 조르바가 바로 그런 인물이었습니다. 또한『참을 수 없는 존재의 가벼움』의 주인공 중 한 명인 토마시에게서는 아모르 파티(amor fati, '운명을 사랑하라'라는 뜻의 라틴어) 즉, 자신의 운명을 사랑하는 인간상을 발견할 수 있었습니다.

문학에 비해 철학책 읽기는 여전히 어렵습니다. 철학책 읽기가 어려운 이유는 간단합니다. 철학자들이 제시하는 개념과 언어가 너무 생소하고 어렵기 때문입니다. 철학책을 처음 읽는 분들이라면 누구나 동의하실 겁니다. 무슨 말인지 알 듯 말 듯 한 철학자들의 추상적인 표현은 글자를 읽는다고 해서 저의 사유로 바로 전환되지 않습니다. 그래서 철학 전공자의 책보다 비전공자가 쓴 대중적인 철학 책을 더 많이 찾아 읽게 됩니다.

저도 처음에는 이런 책을 읽으며 철학 공부를 시작했습니다. 그리고 지금도 읽고 있습니다. 하지만 철학 공부를 한 지 10년 정도에 이른 요즘은 직접 철학자의 사유를 맛보고 음미하며 사색하고 싶다는 생각에 해설서나 축약본이 아닌 완역본으로 읽고 싶은 욕망이 간절합니다. 완역본 읽기는 좀 더 수준 높은 독서로 제 정신을 좀 더 높은 곳으로 고양시켜 줍니다. 지난해에 이런 방식으로 니체의 『차라투스트라는 이렇게 말했다』, 한나 아렌트의 『인간의 조건』, 모리스 블랑쇼의 『카오스의 글쓰기』, 마사 누스바움의 『혐오와 수치심』 등을 읽었습니다. 지금은 마이클 영의 『차이의 정치와 정의』 그리고 강신주의 『철학 VS 실천』을 읽는 중입니다. 이 모두 함께 읽기를 통해서입니다.

함께 읽기의 좋은 점은 일방적 수강이 아닌 함께 토론할 수 있다는 것 그리고 짧은 단상이나 서평 등의 글을 쓰고 나눌 수 있다는 점입니다. 솔직히 저는 어떤 권위 있는 해석보다 참여자들이 자유롭게 자신의 생각을 표현하는 것만큼 좋은 철학 공부는 없다고 생각합니다. 이 방식만큼 사유의 힘을 길러주는 접근도 없습니다.

지난해에는 제가 리더가 되어 세 권의 현대 철학 입문서를 모임 참여자들과 함께 읽었습니다. 프랑스와 독일 그리고 영국의 주요 철학자들의 삶과 핵심적인 사상을 공부하는 시간이었습니다. 당연히 그들의 생소하고도 심오한 사상은 한 번의 책 읽기로 알 턱이 없습니다. 그래서 책 읽기를 버거워하는 도반들에게 당부하는 말이 있습니다.

"철학자의 이름과 핵심 개념, 거기에다 마음에 새겨 둘 명언 한둘 정도만 기억하면 됩니다. 더 중요한 것은 핵심 개념과 가슴에 와 닿는 문장을 화두 삼아 잠시 사색을 해보는 것입니다. 그리고 사색의 심정을 짧은 글로 써보는 것입니다. 철학 공부는 나의 정신세계를 철학적 사유의 세계로 물들이는 과정입니다. 당연히 가장 중요한 것은 내 머리로 직접 사유하는 것이고요."

금년 초에는 철학자 니체의 삶과 사상의 궤적을 따라가 보는, 니체 연구의 대가 이진우 교수의 책『니체: 알프스에서 만난 차라투스트라』를 참여자들과 함께 읽었습니다. 책을 읽으며 우리는 발췌와 단상을 통해 니체가 마주한 자연과 고독 그리고 그 속에서 피어난 그의 사상을 음미했습니다. 영원회귀 사상이 샘솟은 스위스의 질스마리아 수클레이 산책로를 니체와 함께 걸었습니다. "너의 삶을 다시 살기를 원할 수 있을 정도로 그렇게 살아라!" 시종일관 니체는 우리에게 이렇게 말했습니다. 이 책을 읽고 나서는『차라투스트라는 이렇게 말했다』도 함께 읽자고 도반들에게 제안했습니다. 니체가 피로 쓴 글들은 묘하게도 늙어가는 제게 생명의 샘 같은 활력을 줍니다.

지금 저는 대중 철학자 강신주의 역사철학·정치철학 강의 1권인『철학 VS 실천』을 읽고 있습니다. 900여 페이지에 달하는 대작의 적정 분량을 참여자들과 매일 함께 읽으며 발췌와 단상을 단체 채팅방을 통해 공유하고 있습니다. 회를 거듭할수록 우리의 정신이 조금씩 깨어남을 느낍니다. 책을 읽지 않는 다면 결코 느끼지 못할 내 안의 고정 관념을 자각하며 나 자신을 돌아보는 중입니다. 책 읽기를 완료하는 날에는 예전과는 다른 성숙한 정신세계를 확인할 수 있으리라 확신합니다. 최근에는 1권에 이어 무려 1,300페이지에 달하는 3권 『구경꾼 VS 주체』를 사왔습니다(2권은 아직 출간 전). 이 책은 다섯 분이나 함께 읽겠다고 응답했습니다. 이렇게 우리의 공부 도반들은 몸과 마음으로 철학을 익혀 나가고 있습니다.

철학은 모든 학문의 시작이고 뿌리입니다. 당연히 인문학의 시작이자 뿌리 또한 철학입니다. 철학에서 시작된 인문학 공부는 인간과 세상 전체를 총체적으로 보게 하는 힘을 길러줍니다. 부분이 아니라 전체 그리고 현상이 아니라 근본을 보게 합니다. 그 밑바탕에 철학이 자리하고 있습니다. 그래서 인간과 세상에 대한 대부분의 질문과 대답이 철학 속에 담겨 있다고 생각합니다.

"저와 함께 철학 공부 안 해 보실래요?"

## 철학 공부가 처음인 사람에게 추천하는 책 10권

1) 철학과 굴뚝 청소부 / 이진경 지음 / 그린비

2) 철학 VS 철학 / 강신주 지음 / 오월의봄

3) 누구나 한 번쯤 철학을 생각한다 / 남경태 지음 / 휴머니스트

4) 삶을 위한 철학 수업 / 이진경 지음 / 문학동네

5) 처음 읽는 현대 영미철학 / 철학아카데미 지음 / 동녘

6) 철학 읽는 힘 / 사이토 다카시 지음, 홍성민 옮김 / 프런티어

7) 돼지가 철학에 빠진 날 / 스티븐 로 지음, 오숙은 옮김 / 김영사

8) 처음 읽는 서양철학사 / 안광복 지음 / 어크로스

9) 한 눈에 읽는 현대 철학 / 남경태 지음 / 휴머니스트

10) 소피의 세계 / 요슈타인 가어더 지음, 장영은 옮김 / 현암사

# 한 치의 낭비도 없이 산다

## 1천 권을 읽는 습관

김승호

김승호: 회사 생활을 하면서도 책 읽고 글 쓰는 삶을 포기하지 않았습니다. 숭례문학당을 만나 독서 토론 리더, 심화 과정을 수료한 후 독서 활동가의 삶을 실천 중입니다. 학당에서 〈주경야독 북클럽〉과 〈경영 독토 북클럽〉을 진행했고, 6년 동안 〈새벽 독토 북클럽〉을 운영 중입니다. 매일 새벽 4시에 일어나 책 읽기를 하고 있습니다. 가부장적 '꼴통'이 되지 않는 게 생의 목표로 곧, 금융 회사에서의 은퇴를 앞두고 있습니다. 감정 기복이 심하지 않은 것이 장점이자 단점이라고 믿습니다.

5년 동안 책 1천 권 읽기? 이 문장을 읽으면 문득 이런 생각이 들기 마련입니다. 이게 가능할까? 어려운 미션임에 틀림없습니다. 5년 동안 1천 권을 읽으려면 1년 동안 200권, 그렇다면 1년이 365일이니 이틀에 한 권씩 정도는 읽어야 한다는 계산이 나옵니다. 책 한 권을 300페이지라고 가정하면 하루 평균 150페이지는 읽어야 한다는 것인데, 옴짝달싹하지 않을 정도로 집중해서 한 시간 동안 50페이지를 읽는다고 생각하면 하루 세 시간씩 읽어야 한다는 결론이 나옵니다. 정말 이게 가능할까요?

　2017년부터 책 읽은 흔적을 기록했습니다. 책 제목과 저자, 출판사, 읽은 기간, 독서 이유, 관련 책 모임 등을 메모했습니다. 기록을 들춰 보니 최근 5년 동안 매년 150권 정도의 책을 읽었습니다. 그러니 저도 5년간 1천 권을 읽지는 못했습니다. 무슨 기록 세우기도 아닌데 꼭 1천 권을 읽어야 하나, 이런 의문이 들기도 합니다. 책은 자기만의 속도로 천천히 읽어 가면 되지 몇 권을 읽겠다고 정한다는 것 자체가 자신에게 굴레를 씌우고 책에 대한 애정까지도 날려버리는 것 아닌가 하는 생각도 듭니다.

　어느 작가는 자신의 잔여 수명과 시간을 엑셀 시트로 수치화해서 남은 생애에 읽을 수 있는 책과 쓸 수 있는 글을 계산했다고 합니다. 글로 먹고살아야 하는 작가 입장에서는 숫자로 일의 양을 치환하는 것이 중요했던 것 같습니다. 하지만 평범한 독서가일 뿐인 제가 굳이 독서에 숫자 목표를 부여한 이유는 무엇일까요?

어릴 때부터 책 읽기를 좋아했습니다. 그러다 나이가 들면서 책은 점점 회사 생활과 TV, 영화 등에 우선순위를 내주었습니다. 그러다 중년이 되었고 그때면 누구나 찾아온다는 공허함과 우울감으로 힘들어할 때 어릴 적 신나는 세상으로 이끌어 준 것이 책이었음을 생각했습니다. 그리고 다시 책을 손에 쥐기 시작했습니다. 집 근처 도서관에서 책을 빌려 읽으며 내가 한동안 책을 잊고 살았구나를 생각했습니다. 그러면서 어린 시절 좋아했던 책에 대한 추억을 다시금 떠올리기 시작했습니다.

책을 본격적으로 읽자고 결심하고는 독서 모임에 참여해야 겠다는 생각을 했습니다. 처음에는 어느 출판사가 주관하는 독서 모임에 가입해 한 달 한 권 책 읽기를 하고 토론회 참여도 했습니다. 그런데 한 달에 한 권 읽기가 버거웠습니다. 직장 생활 와중에 책을 읽을 수 있는 틈은 새벽 시간과 퇴근 후 잠깐과 취침 전 그리고 매일 점심 식사 후 30분 정도의 자투리 시간뿐이었습니다. 애주가였던 저는 1주일에 2~3회 정도는 저녁 술자리가 있었고, 그런 날에는 독서가 더욱 어려웠습니다. 저녁 시간은 피곤하다는 이유로 주말에는 휴식이 우선이라는 자기 합리화로 다시 책을 읽고자 하는 마음은 점점 사그라들었습니다.

하루 2~3페이지 읽는 것이 고작이었고 토론 모임이 있는 날이면 그 전날 벼락치기로 책을 읽고 토론회에 참여했습니다. 그러면서 토론회 인증샷을 찍으며 "이 책이 내 속에 들어왔다"라고 자아도취식 만족감을 SNS에 남기곤 했습니다. 하지만 이런 식의 책 읽기는 아무런 도움이 되지 않았습니다.

조금 더 진지하게 책을 읽기로 마음먹고는 이런저런 검색 끝에 숭례문학당을 알게 되었습니다. 2016년 봄이었습니다. 이곳에서 '독서 토론 입문 과정' '독서 토론 리더 과정' '독서 토론 심화 과정' 등을 모두 수료했습니다. 공부하는 동안은 1주일에 책 한 권을 읽고 독서 토론 논제를 만들어 토론하는 수업을 받았습니다. 예전에는 한 달 한 권 읽기도 어려웠는데, 이때 1주일에 한 권씩 읽으며 묘한 쾌감 같은 것을 느꼈습니다.

시간이 없어서 읽지 못한 것이 아니었습니다. 출퇴근 지하철 안, 조기 출근길 회사 옆 카페에서 모닝커피를 마시는 한 시간, 점심 후 회의실에서 읽는 30분, 퇴근 후 잠자기 전 몇 분 등. 시간을 잘만 활용한다면 1주일에 한 권을 읽기도 가능하다는 것을 그때 알았습니다. 그렇게 한 주 한 권씩 도장 깨기를 하듯 책 읽기를 했습니다. 그러면서 제가 조금씩 변하고 있다는 것을 느끼기 시작했습니다. 한 달 한 권을 읽던 때와는 달랐습니다.

읽은 책의 권수가 늘어나는 만큼 생각도 삶도 이전보다 더 다채로워졌습니다. 그리고 삶에 활력도 생겨나기 시작했습니다. 패턴에 맞춰 하루하루 떠밀리듯 부유하던 생활에 생기가 도는 것도 느껴졌습니다. 마치 잃어버렸던 삶의 주도권을 되찾은 느낌이었습니다. 무기력하게 다니던 회사 생활에도 힘이 나기 시작했고 내 인생을 스스로 컨트롤할 수 있다는 자신감도 들기 시작했습니다. 마치 자동차의 연료 탱크를 가득 채우는 것처럼 매주 한 권을 읽었습니다. 이제는 매주 한 권을 읽기가 힘들지 않고 유희를 즐기는 기분입니다.

요즘 저는 평일에 두 시간, 주말에는 다섯 시간 정도 책을 읽습니다. 라이프 스타일이 새벽형이어서 주로 새벽 시간과 오전에 집중하는 편입니다. 평일은 오전 6시부터 8시까지, 주말에는 오전 5시부터 10시까지 집중해서 책을 읽습니다. 처음에는 책 읽는 것에 속도를 내지 못했지만 점점 독서의 양이 늘기 시작하면서 가속도가 붙기 시작했습니다. 그러면서 문학, 자기계발, 인문교양 등의 다양한 분야로 1주일이나 1개월 단위로 책을 리스트업 하면서 가급적이면 골고루 읽으려 하고 있습니다. 그리고 스스로를 구속하는 듯한 스트레스가 느껴지지 않을 정도의 무리하지 않은 일정으로 독서 계획을 짭니다.

이렇게 책 읽기를 계획하고 완료하고, 계획하고 완료하는 과정을 반복하다 보니 중년의 우울감 같은 것은 한참 전에 사라진 것 같습니다. 책을 한 권씩 읽어낼 때마다 새로운 지식을 갖게 되었다는 성취감과 계획한 대로 한 치의 낭비도 없이 잘 살았음을 스스로에게 증명하는 것 같은 기분이 듭니다. 피트니스 클럽에서 조금씩 무게를 올리며 스스로의 한계를 시험하고 더 나은 몸을 만들기 위해 노력하는 것처럼, 제게는 매주 한 권을 읽는 것도 더 나은 나를 만드는 일입니다. 사실 5년 동안 1천 권을 읽는다는 것은 불가능한 목표입니다. 하지만 불가능한 목표를 이루고자 노력하는 과정에서 목표가 있기 전과 있은 후는 완전히 달라졌다고 자신 있게 말할 수 있습니다.

저는 숭례문학당에서 6년째 〈새벽 독토 북클럽〉을 운영 중입니다. 5년 동안 격주로 한 권씩 읽고 토론했으니 이 모임을 통해서만 지금까지 130권 정도의 책을 읽었습니다. 앞으로 1천 권이 될 때까지 진행할 계획입니다. 독서 토론은 토요일 아침 7시에 진행합니다. 새벽 시간을 알차게 쓰지 않는 분이라면 참석이 쉽지 않은 시간대입니다. 한동안은 온라인 화상 토론을 했지만 조만간 오프라인 토론으로 전환할 예정입니다. 지금 참여 인원은 대개 10명 내외입니다. 직장인, 전업주부, 자영업자, 프리랜서 등 다양한 직업을 가진 분들입니다. 낯선 사람들끼리 새벽에 모여 책을 읽고 토론하고 그런 다음 주말을 시작합니다. 독서토론을 하게 되면 자연스럽게 참여하는 분들의 인생관을 접하게 됩니다. 2주에 한 번씩이지만 이야기를 듣고 있으면 생에 대한 강한 애착과 분투를 느낄 수 있습니다. 그때마다 흐트러진 옷매무새를 만지듯 제 삶을 다시 돌아보고 가야 할 길을 점검합니다.

　책을 많이 읽는다고 해서 내일 당장 혹은 내년 당장 내 인생이 경로를 이탈해서 새로운 길을 내거나 하지는 않습니다. 물론 그렇게 극적인 독서를 하는 사람도 있지만 보통은 그렇지 않습니다. 대신 아주 조금씩 변화를 만들어 갑니다. 저는 지난 5년 동안 책을 열심히 읽었지만, 무슨 인생의 대단한 변화가 일어나지는 않았습니다. 하지만 생각이 성장하는 느낌 같은 것은 체감하고 있습니다. 나이를 먹다 보면 얻게 되는 원숙함과는 분명 다른 어떤 것입니다. 이제 인생의 반 정도를 지나왔지만 남은 후반전은 전반전보다 지혜로운 삶을 영위할 수 있을 거라 확신합니다.

　무심하게 흘러가는 시간 속에서 단단히 나를 잡아주고 새로운 힘을 얻을 수 있게 하는 책의 세계로 더 많은 사람들을 초대하고 싶습니다.

## 독서 모임에서 별점이 가장 높았던 책 10권

1) 올리브 키터리지 / 엘리자베스 스트라우트 지음, 권상미 옮김 / 문학동네

2) 니클의 소년들 / 콜슨 화이트헤드 지음, 김승욱 옮김 / 은행나무

3) 스토너 / 존 윌리엄스 지음, 김승욱 옮김 / 알에이치코리아

4) 시선으로부터, / 정세랑 지음 / 문학동네

5) 소크라테스 익스프레스 / 에릭 와이너 지음, 김하현 옮김 / 어크로스

6) 다정한 것이 살아남는다 / 브라이언 헤어·버네사 우즈 지음, 이민아 옮김 / 디플롯

7) 남아 있는 나날 / 가즈오 이시구로 지음, 송은경 옮김 / 민음사

8) 방랑자들 / 올가 토카르추크 지음, 최성은 옮김 / 민음사

9) 면역에 관하여 / 율라 비스 지음, 김명남 옮김 / 열린책들

10) 공정하다는 착각 / 마이클 샌델 지음, 함규진 옮김 / 와이즈베리

# 어린이로부터 배우는
# 어른이 되는 법

아이들과 함께 매일 글쓰기 습관

박은미

박은미: 숭례문학당을 만나 독서 토론과 글쓰기, 걷기를 하면서 하고 싶은 일과 꿈을 찾았습니다. 도서관, 학교, 지자체 등에서 독서 토론과 글쓰기 수업을 합니다. 어린이 글쓰기 모임을 운영하며 어린이와 그림책을 더 좋아하게 되었습니다. 어린이들이 쓴 글을 읽고 편지를 쓰면서 '어린이라는 세계'를 배우며 하루하루 좋은 어른이 되는 법을 연습합니다. 함께 쓴 책으로 『그림책 모임 잘하는 법』, 『책으로 통하는 아이들』, 『책으로 다시 살다』 등이 있습니다.

"딩동~!"

아침부터 네이버 카페의 알림이 울립니다. 등교하기 전 부지런히 쓴 아이들의 글을 읽으며 아침을 기분 좋게 시작합니다.

열 칸 노트에 연필로 꾹꾹 눌러쓴 아이들의 글을 매일 읽을 수 있는 즐거움을 누리는 저는 초등학교 1, 2학년 대상의 〈어린이 글쓰기〉 모임을 운영하고 있습니다. 네이버 카페에 모여 30일 동안 주말과 공휴일을 제외한 평일에 글쓰기를 합니다. 운영자가 제시하는 주제에 따라 30일 동안 22개의 글을 씁니다.

초등학교 1~2학년 어린이들이 매일 글쓰기를 한다고요? 간혹 이게 가능한 일이냐고 묻는 분들도 있습니다. 그럼요, 가능합니다. 규칙은 간단합니다. 마감 시간은 밤 10시, 세 줄 이상, 노트에 손 글씨로 써서 사진 찍어서 카페에 올리기입니다. 운영자가 제시하는 글감으로 꼭 쓰지 않아도 괜찮습니다. 각자 쓰고 싶은 글감이 있다면 무엇이든 좋습니다. 또 주중에 못 쓴 글이 있다면 주말에 써도 됩니다. 많이 쓰지 않아도 잘 쓰지 않아도 괜찮습니다. 처음에는 아주 가볍게 세 줄 쓰기부터 시작하면 됩니다.

2020년 1월, 코로나가 시작된 이후 강의와 수업은 중단되고 '집순이' 생활이 시작되었습니다. 심각하게 무기력해지고 우울감에 시달렸습니다. 아이들은 게임과 유튜브에만 몰두했습니다. 뭐라도 해야겠다는 생각에 초등 2학년 둘째와 둘째 친구들에게 글쓰기 모임을 해보는 것은 어떠냐고 물어보았습니다. 주제는 엄마가 매일 제시해주고 세 줄 이상 손 글씨로 쓰기만 하면 된다고 했습니다. 글쓰기를 너무 싫어하는 우리 아이가 가장 걱정이었는데, 엄마가 자신을 몰라도 너무 몰랐다는 듯 아이는 매일 잊지 않고 글을 쓰기 시작했습니다. 친구들보다 빨리 쓰겠다고 오늘 주제가 뭔지 미리 묻기까지 했습니다. 그런 아이가 기특하고 신기했습니다. 당시 숭례문학당에는 초등 3~6학년 대상의 어린이 글쓰기 모임이 있었는데, 아이와 아이 친구들과 함께 해보면서 초등 1~2학년으로 확대해서 진행해도 되겠다는 생각이 들었습니다.

그렇게 시작한 모임이 벌써 2년 7개월째 지속되고 있습니다. 이 모임을 운영하면서 아이들이 자연스럽게 글쓰기 습관을 가진 것처럼 제 일상에도 작은 습관들이 하나씩 생겨났습니다. 글은 아이가 썼는데 오히려 제가 더 큰 어른이 된 것입니다.

가장 먼저 일상에서 글감을 찾고 메모하는 습관이 생겼습니다. 1년 넘게 오랫동안 모임에 참여하는 어린이 친구들이 생겨나면서 글의 주제가 겹치지 않도록 하는 것이 중요했습니다. 그래서 매일 다른 주제의 글감을 찾아야 했습니다. 글감을 찾기 위해 주변을 살피다 보니, 계절과 자연의 변화를 세심하게 느끼게 되고 길가에 핀 꽃 한 송이도 유심히 관찰하는 버릇이 생겼습니다. 그리고 TV에서 재미난 장면을 보거나, 일상에서 하게 되는 작은 일들도 모두 글감의 소재가 되었습니다. 어느 한순간도 소홀히 할 수 없었습니다. 그렇게 별것 아닌 것들, 무심코 지나쳤던 일상의 작은 것들을 다이어리와 핸드폰에 차곡차곡 모았습니다. 그런 다음 아이들에게 제시했습니다. 아이들은 마치 저에게 작은 꽃씨를 받은 것처럼, 각자의 텃밭에 심고 물을 주어 결국에는 멋진 꽃으로 글을 피워냈습니다. 이것만큼 보람되고 뿌듯한 일이 없었습니다.

글감을 찾는 습관 다음으로 그림책을 더 많이 찾고 읽는 습관이 생겼습니다. 글쓰기와 그림책이 무슨 연관? 이라고 생각할 수도 있지만, 매일 글감 하나를 전달하며 아이들에게 관련 책도 한 권씩 소개합니다. 주로는 그림책입니다. 아이들이 소개한 책을 읽지 않아도 글쓰기 하는 데는 아무런 지장이 없습니다. 하지만 글쓰기를 하면서 책 읽기도 좋아했으면 하는 바람으로 그림책 추천을 하고 있습니다. 아이들로부터 "오늘 책 읽어봤는데 재미있어요"라는 댓글이 하나라도 달리면 어찌나 반가운지 모릅니다. 글쓰기 주제를 먼저 정하고 책을 찾아보기도 하고, 책이 마음에 들어서 책 속의 주제를 글감으로 올리기도 합니다. 그림책을 원래 좋아하기도 했지만 아이들에게 추천할 책을 찾다 보니 더 신중해지고 더 많이 읽게 되고 그래서 그림책 보는 안목도 더 좋아졌음을 느낍니다.

다음으로 생긴 습관은 일반적인 글쓰기와는 다르지만 매일 매일 짧은 글쓰기 연습을 하게 된 것입니다. 아이들처럼 일기를 쓰는 것은 아니고 오늘의 주제를 아이들에게 소개하는 리드(lead)문 쓰기가 저에게는 매일 하는 짧은 글쓰기입니다. 리드문은 짧지만 독자의 눈높이에 맞춰 간결하게 그리고 한 번만 읽고도 금방 이해가 되도록 쉽게 써야 합니다. 주제만 한 줄로 제시했을 때 뭘 써야 할지 막막해하는 친구들이 있습니다. 이 주제에서 어떤 점을 생각해보면 좋은지 예시를 든다거나 제 경험을 들려주기도 합니다. 그러다 보니 자연스럽게 독자의 수준에 따라 그리고 책의 수준에 따라 맞춤형 글쓰기를 하는 연습을 매일같이 하고 있습니다.

다음으로는 아이들 글에 댓글을 달면서 다른 사람의 이야기를 경청하고 공감하는 능력이 향상되었습니다. 매일 올라오는 글을 빠짐없이 읽고 칭찬과 공감의 댓글을 달다 보니(빨간 펜 첨삭은 하지 않습니다) 아이들의 마음을 이해하고 들여다보는 일이 자연스러워졌습니다. 아시다시피 어린이를 위한 글쓰기는 잘쓰는 것을 가르치는 것보다 글쓰기가 재미있다는 것을 경험하도록 하는 게 우선입니다. 즉, 아이들 스스로 글을 쓰고 싶다는 마음을 가지도록 돕는 것이 중요합니다. 그래서 저는 글 쓸 때의 아이 마음이 어땠는지, 어떤 마음으로 글을 썼는지 먼저 생각해봅니다. 많이 쓰는 아이의 글에서 그런 포인트를 찾는 것은 어렵지 않지만, 정말 딱 세 줄만 쓰는 아이들도 있는데, 이런 아이들 글에서 공감과 칭찬의 포인트를 파악하려면 문장과 문장 사이에 숨은 아이의 마음을 읽는 독심술이 필요합니다. 글을 읽고 누군가의 마음을 알아가는 일, 그것은 누군가에게 더 가까이 다가가는 성숙한 사람이 되는 방법입니다.

어린이 글쓰기 모임을 운영하면서 저는 중단했던 제 글쓰기를 다시 시작했습니다. 모임 운영을 하고 6개월 째쯤 되었을 때였습니다. "선생님은 우리에게 글쓰기를 꾸준히 하라고 말씀하시는데, 선생님도 매일 글쓰기를 하고 계시나요?"라고 누군가가 물었습니다. 아니, 물을 것 같았습니다. 그러면 나는 뭐라고 대답해야하지, 하는 두려움이 들었습니다. 그때 다른 모임에서 100일 글쓰기 멤버를 모집한다는 글을 보고는 어린이 친구들에게 부끄럽지 않은 선생이 되고 싶다는 소박한 목표를 갖고서 저도 글쓰기를 시작했습니다. 재작년부터 100일씩 여섯 번, 총 600일 글쓰기 모임을 마쳤고 올해 일곱 번째 모임을 이어가고 있습니다.

부끄럽지 않은 선생이 되려고 시작했지만 글을 쓰면서 아이들 마음에 더 다가가는 방법을 배웠습니다. 뭘 써야 할지 커서만 바라봤던 시간, 썼다 지웠다 반복했지만 결국에는 짧은 글로 마무리할 때의 아쉬움, 동료의 따뜻한 댓글 하나에 내일도 열심히 해야겠다는 결심으로 마무리했던 밤. 이런 경험을 하면서 어린이 친구들의 마음도 이랬겠구나 하는 생각을 더 많이 했습니다. 그러면서 아이들을 더 잘 보듬어주고 싶다는 마음도 함께 커져갔습니다. 문장과 문장 사이의 공백에서, 어제와 달리 삐뚤빼뚤해진 글씨체에서, 갈 길을 잃고 안드로메다로 간 마지막 문장에서 아이들의 표정과 마음을 좀 더 세심히 살피고자 했습니다.

슬럼프도 있었습니다. 코로나 특수(?) 탓인지 어린이 글쓰기 모임이 점점 인기를 얻으면서 한 번에 30명이 넘게 참여한 일이 있었는데, 매일 30개가 넘는 글을 읽고 댓글을 써야 하는 것이 무척 부담스러웠습니다. 아이들이 선생님 댓글을 얼마나 기다리는지 알기 때문에 빨리 쓰려다 아이의 이름을 잘못 쓰는 실수를 하기도 하고, 다른 일이 뒤로 밀리면서 곤란해지는 경우가 생기기도 하고, 컴퓨터 앞을 계속 지키다 보니 몸이 아프기도 했습니다. 댓글 쓰는 일이 중요하지만 너무 많은 에너지가 들어가면 모임을 오래 유지하기 힘들다는 생각도 했습니다. 그러면서 단기가 아닌 장기 레이스로 진행하는 방법을 고민했습니다. 댓글 쓰는 시간을 미리 정해 놓고 가급적 그 시간 안에 마무리하도록 하고, 혹시 못 쓴 댓글이 있다면 자투리 시간을 활용하는 등의 집중과 쉼을 함께 유지하는 습관을 만들었습니다. 그러면서 모임 운영에 필요한 여러 가지 것들도 하나씩 배워갔습니다.

아이들에게 "매일 쓰지 않아도 괜찮아. 힘들고 지칠 때는 잠시 쉬어도 돼. 며칠 쓰지 않아도 다시 시작하면 된다는 그 마음, 꾸준히 오래 쓰고 싶다는 그 마음이 중요해!"라는 얘기를 자주 했습니다. 이 말은 사실 저에게 하는 이야기이기도 했습니다. "매일 똑같은 열정을 쏟지 않아도 괜찮아. 힘들고 지칠 때는 할 수 있는 만큼만 해도 돼. 열정의 크기가 매번 같지 않더라도 아이들을 사랑하는 마음, 꾸준히 오래 함께하고 싶다는 그 마음이 중요해!" "나 자신을 먼저 아끼고 사랑하기, 내가 즐겁고 행복해야 해!" 이런 생각이 모임을 오래 운영할 수 있는 밑거름이 되었습니다.

매일 아이들의 글을 보며, 아이들의 생각과 마음에 저를 비춰보았습니다. 어떤 날은 제 생각과 비슷해서 반갑기도 하지만 또 어떤 날은 생각지도 못한 속내에 당황할 때도 있었습니다. 아이들의 긍정적이고 따뜻한 글에 위로를 받기도 했지만, 어른을 꾸짖는 순박함과 예리함에 뜨끔한 적도 많았습니다. 저의 유년 시절 아픔을 소환해보기도 하고, 모르고 지나쳤던 우리 아이의 마음도 헤아려보기도 했습니다. 그러면서 조금씩 더 좋은 어른이 되어가고 있음을 느낍니다.

인문학이란 것이 어렵고 생소하고 저와 먼 거리에 있는 것이라고만 생각했습니다. 막연히 '문사철(文史哲)'이라고, 문학과 역사와 철학을 공부하는 것이 인문학이라고 생각했습니다. 그런데 모임을 운영하면서 꼭 그런 것만이 인문학이 아니라는 것을 깨닫게 되었습니다. 어린이들의 생각에 귀를 기울이고 공감해줄 수 있는 좋은 어른이 되는 일도 생활 속 작은 인문학입니다.

글은 내가 누구인지 자신을 성찰해 볼 수 있는 거울입니다. 자신에 대해 잘 안다면 자신을 더 사랑할 수 있습니다. 자신의 생각을 솔직하고 자유롭게 표현할 수 있는 '안전하고 편안한 공간'을 아이들에게 마련해주고 진심으로 아이의 이야기를 들어줄 수 있는 그런 좋은 어른이 되고 싶습니다. 이것이 제가 어린이 글쓰기 모임을 운영하는 이유이자 매일 실천하는 인문학 습관입니다.

## 부모님을 위한 어린이 글쓰기 가이드북 7권

1) 하루 3줄 초등 글쓰기의 기적 / 윤희솔 지음 / 청림Life

2) 말하는 대로 글이 되는 우리 아이 첫 글쓰기 / 나명희 지음 / 양철북

3) 초등 글쓰기 비밀수업 / 권귀헌 지음 / 서사원

4) 글쓰기 하하하 / 이오덕 지음 / 양철북

5) 창의력을 키우는 초등 글쓰기 좋은 질문 642 / 826 Valencia 지음 / 넥서스Friends

6) 상상력을 키워주는 하루 한 장 초등 글쓰기 / 박재찬(달리쌤) 지음 / 테크빌교육

7) 오늘은 뭐 쓸까? / 민상기 지음 / 경향BP

## 아이를 위한 글쓰기 동기 부여 책 3권

1) 글쓰기왕 랄프 / 애비 핸슨 지음, 이미영 옮김 / 내인생의책

2) 단어수집가 / 피터 레이놀즈 지음, 김경연 옮김 / 문학동네

3) 삼행시의 달인 / 박성우 지음 / 창비

# 책 읽기의 즐거움을 함께 배운다

## 청소년과 함께 하는 독서 습관

이혜령

이혜령: 읽고 쓰고 실천하는 인간으로 살고자 합니다. 청소년기에는 독서광이었고, 앞으로도 그러고자 합니다. 도서관, 학교, 공공기관에서 독서 토론, 책모임 강의를 하고 있습니다. 독서와 책 모임의 힘을 믿습니다. 공저로 『온라인 책모임 잘하는 법』을 썼습니다.

이제 막 중학생이 된 아이를 둔 부모님으로부터 자주 듣는 질문이 있습니다. "초등학교 시절에는 책을 곧잘 읽었는데, 중학생이 되면서 책과 멀어졌어요. 어떻게 하면 아이가 다시 책을 즐길 수 있을까요?" "자기가 좋아하는 한 분야 책만 읽어요. 좀 다양하게 책을 읽게 할 순 없을까요?" 이 질문에 대해 아이들이 답은 어떨까요? "중학교에 오니 할 일이 너무 많아서 시간 내기가 어려워요." "어떤 책을 읽어야 할지 모르겠어요." 이렇게 답합니다.

부모님들의 걱정과 청소년들의 하소연을 들어보면 다른 듯하지만 같은 점이 있다는 것을 알 수 있습니다. 바로 주변 여건이 어렵지만 책을 읽어야 한다는 데에는 모두 동의한다는 사실입니다. 우리나라에서 청소년기는 대개 상급 학교 진학에 모든 에너지를 쏟는 시간입니다. 그래서 초등학교 때까지 열심히 책을 읽던 아이도 중학교에 올라가면서부터 참고서 외에는 담을 쌓고 지냅니다. 실제로 청소년들은 학업에만 매달려도 시간이 부족합니다. 그러니 책은 정말 '가까이하기엔 너무 먼 당신'이 됩니다. 하지만 청소년기가 세상과 타인을 알아가며 내적인 성장과 외적인 성장이 동시에 이루어지는 시기임을 모르는 사람은 없습니다. 이때 만난 한 권의 책은 아이의 작은 우주가 됩니다. 그렇다면 우리는 조금 영리해질 필요가 있습니다. 바로 학업과 책 읽기의 공통분모를 찾는 것입니다. 책 읽기가 공부에

도움이 된다면 부모님도 아이들도 모두 환영하는 일이 되지 않을까요? 청소년 책 모임을 기획하고 실천에 옮기게 된 것도 이 방법을 찾아보자는 데에 있었습니다.

처음으로 청소년 독서 토론에 관심을 가졌던 계기는 큰아들 때문이었습니다. 아이가 초등학교 6학년 때였는데, 학교에서 하는 독서 토론 수업에 좀처럼 적응하지 못했습니다. 특히 찬반 토론을 할 때 상대편 아이와 의견을 달리하는 것이 마치 공격을 받는 것 같아 자기도 모르게 자꾸 위축된다고 했습니다. 저 또한 어린 시절 학교에서 경험한 토론은 그리 좋은 기억이 아니었습니다. 민주주의 사회에서는 토론이 중요하다고 하는데 그 토론이 마음을 다치게 하는 경우도 많았습니다. 아이에게 뭔가 도움이 될만한 방법이 없을까 고민하다, 마침 제가 공부하는 숭례문학당의 '비경쟁 독서 토론'(찬성과 반대, 맞고 틀리고 가 있는 토론이 아닌)을 청소년기 학생들에게도 적용해 볼 수 있지 않을까, 하는 생각이 들었습니다.

어린이 책 모임은 도서관이나 학교 등지에서 많이 진행되지만 청소년 책 모임은 찾기가 어렵습니다. 대부분 참여자를 구할 수 없다는 것을 그 이유로 듭니다. 청소년 책 모임 기획을 도서관이나 청소년 관련 기관 등으로 의뢰했다가 모집이 안 될 것 같다며 선정이 취소되는 사례도 많았습니다. 학교에서도 가위 바위 보에 져서 가는 곳이 독서 동아리라고 합니다. 이런 상황에서 청소년 독서 토론 모임은 시작부터가 쉽지 않았습니다. 그럼에도 책을 읽고 토론하고 싶은 청소년들은 분명히 있으니 소수라도 괜찮다, 한 번 해보자, 그런 생각을 바탕으로 미지의 모험처럼 시작했습니다.

바쁜 학생들인만큼 한 달에 두 번 진행하는 것으로 하고, 학원을 가야 하는 시간을 피해 야간이나 주말을 이용하고 온라인과 대면 방식을 섞었습니다. 물론 어린이나 성인 대상의 모임에 비해 참여자 모으기가 쉽지는 않았습니다. 그래도 어렵사리 최소 인원을 모으고 첫 모임을 가졌습니다. 그곳에 모인 아이들은 서로 인사하고, 말을 하는 것조차도 어색해하는 눈치였습니다. 사춘기 아이들이니 아무래도 주변 눈치를 보게 마련입니다. 그렇게 데면데면하는 사이에 점점 얼굴도 익히고 분위기도 편안해집니다. 그러면 그때서야 스스럼없이 자신의 생각을 말하기 시작합니다.

적응하지 못하고 중간에 그만두는 아이들도 있었습니다. '경쟁' 방식의 토론을 기대했다 '비경쟁'인 것을 알고 중간에 그만두는 일도 있었습니다. 어떤 아이는 토론회 중 반만이라도 경쟁 토론을 하면 안 되느냐고 묻기도 했습니다. 또 진행 속도가 너무 느려 자신과는 안 맞는다고 그만두는 아이도 있었습니다. 하지만 비경쟁 토론이 지향하는 '정답 없고, 경쟁 없고, 맞고 틀리고가 없는 토론'이 학교에서는 말하기 어려운 것을 말할 수 있어서 좋다는 이유로 열심히 참여하는 아이도 생겨나기 시작했습니다. 지방에서 모임을 신청한 한 아이는 토론을 위해 일요일 아침 KTX를 타고 서울로 올라오기까지도 했습니다. 책임감을 더 느끼지 않을 수 없었습니다.

아이들이 모임에 정을 붙이고 참여하게 되면 짧게는 1년 길게는 3년 정도를 활동합니다. 학교에서는 깊이 있는 토론이 어렵다는 이유도 있지만, 무엇보다 '아무 말이나 해도 되는' 토론의 즐거움 때문에 오랜 시간 참여를 같이 하는 것 아닌가 싶습니다. 그리고 독서 토론 모임에서 자기 이야기를 하고 나면 속이 뻥 뚫리는 시원한 기분이 든다는 아이도 있고, 또래 친구들의 고민을 들으며 어쩌면 이렇게 자신과 똑같을 수 있는지 놀랍다는 반응을 보이는 아이도 있습니다.

모임이 지속되는 데에는 토론 방식도 중요하지만 학업과 관련한 책 읽기를 하는 것이 중요합니다. 그러자면 우선은 교과서에 나오는 작품 위주로 책 선정을 하는 게 좋습니다. 대표적인 사례가 〈청소년 단편 소설 토론 모임〉입니다. 이 모임은 교과서에 수록된 소설들을 우선순위로 읽고 토론합니다. 암기식에서 벗어나 등장인물들에 대한 감정이입의 폭을 넓히고 작가에 대해서도 좀 더 깊이 알아가는 시간을 갖습니다. 암기식으로 줄 치고 해석하는 수업에 익숙했던 아이들은 교과서에 수록된 작품 전체를 온전히 읽고 토론을 하니 작품이 한층 더 입체적으로 다가온다고 말합니다. 그리고 시험 지문으로 소설이 나왔는데, 아주 익숙해서 문제 풀기가 쉬웠다는 이야기도 잊지 않고 합니다.

문학뿐만 아니라 사회, 역사, 예술, 과학 등의 분야에 대해서도 적절히 책을 고르고 토론을 통해 관심을 끌어올립니다. 토론이 끝난 후 자신이 좋아하는 분야는 아니었지만 관심이 생겼다고 말하는 아이들도 있고, 이 분야의 책을 더 읽고 싶다고 이야기하는 아이들도 있습니다. 그런 얘기를 들으면 무척 뿌듯합니다. 간혹 청소년 독서 토론 모임을 무슨 학원 강의처럼 생각하는 분을 만나게 되면 설명을 어떻게 해야 할지 난감해질 때도 있습니다. 이때는 있는 그대로 청소년들의 생각과 고민을 함께 나누는 시간임을 밝힙니다. 모임을 통해 아이들이 좀 더 폭넓은 공부를 할 수 있기를 바라지만, 단번에 성적에 도움이 되거나 하는 일은 없으니 너무 기대하지 말라고 얘기합니다. 자칫 성적과 책 읽기를 연결하는 순간 독서에 흥미를 잃게 된다는 말도 잊지 않습니다.

아이들은 책의 주인공을 통해 나만 이런 고민을 하는 게 아니구나, 하는 생각으로 친구들이나 가족들에게 하지 못한 이야기를 나누며 마음의 안정을 얻습니다. 그러면서 경청의 태도와 깊이 읽기의 방법을 배웁니다. 토론회에 참여한 아이들은 학교에서와 달리 다른 친구들이 너무 활발하게 얘기해 놀랐다고도 합니다. 진로를 고민하던 한 학생은 책 한 권으로 진로에 대한 여러 복잡한 생각을 정리할 수 있었다고 소감을 말하기도 했습니다. 2년 동안 참여했던 한 친구는 시험 기간의 토론 참여가 시험 스트레스를 푸는 방법이라고도 했습니다.

책 읽는 재미에 빠지게 되면 자연스럽게 다른 읽기 모임에도 관심을 갖게 됩니다. 적극적인 친구들은 어른들이 읽는 인문교양서에도 도전합니다. 흔히 말하는 벽돌책으로 이 친구들과 같이 『총·균·쇠』, 『사피엔스』, 『이기적 유전자』, 『코스모스』, 『임꺽정』, 『곰브리치 서양미술사』 등을 함께 읽어 보았습니다. 아무래도 분량이 있다 보니 어른들이 한 달 분량으로 읽을 책을 청소년 모임에서는 두 달 정도로 일정을 잡습니다.

두꺼운 책은 어른들도 읽다가 포기하는 일이 잦습니다. 하물며 학생들 입장에서는 오죽 힘들까 싶습니다. 그렇지만 혼자서 읽는 것이 아니라 여러 친구와 함께 읽는 것이기 때문에 좀 더 힘을 내서 읽게 됩니다. 그렇게 한 권을 끝내고 나면 '두꺼운 책을 읽어냈다'는 자신감으로 훌쩍 성장합니다. 어른이나 청소년이나 완독의 기쁨과 성장의 기쁨은 동일한 것 같습니다. 이런 성공 경험은 공부는 물론이고 앞으로 아이 앞으로 펼쳐질 일에도 좋은 영향을 주게 됩니다.

최근 '청소년 독서의 롤 모델이 없다'는 이야기를 들었습니다. 어린이 때는 부모가 롤 모델이 되어 책을 읽어주지만 청소년기에는 책을 선택하고 읽는 것이 오로지 혼자만의 몫이 되는데, 그게 너무 갑작스러운 자율이라는 것입니다. 그 말을 듣고서 독서 전문가로서 아이들 옆에서 도움을 주는 일을 계속할수 있었으면 좋겠다는 생각을 했습니다.

모임을 시작할 때는 두려움도 컸고, 잘 될까 하는 마음과 아이들이 나를 어떻게 생각할까, 하는 노파심에 잠을 설치기도했습니다. 하지만 막상 시작해 보니 왜 이런 모임을 좀 더 일찍하지 못했는지 반성도 많이 했습니다. 청소년기 독서는 당연히해야지, 가 아니라 좋은 책 모임을 찾아 주고 아이들이 참여할수 있도록 기회를 만들어주는 것이 중요하다는 것을 다시 한번강조하고 싶습니다.

왕성한 지적 호기심을 채우고 자신의 내면을 단단하게 만들어 가는 힘을 책을 통해 배운다면, 앞으로 아이의 인생에 단단한 버팀목이 되고 좋은 친구로도 남을 것입니다.


## 청소년 독서 모임에서 가장 사랑받았던 책 10권

1) 왜 세계의 절반은 굶주리는가 / 장 지글러 지음, 유영미 옮김 / 갈라파고스

2) 이 장면 나만 불편한가요 / 태지원 지음 / 자음과모음

3) 수레바퀴 아래서 / 헤르만 헤세 지음, 김이섭 옮김 / 민음사

4) 호밀 밭의 파수꾼 / 제롬 데이비드 샐린저 지음, 공경희 옮김 / 민음사

5) 소년과 두더지와 여우와 말 / 찰리 맥커시 지음, 이진경 옮김 / 상상의힘

6) 페인트 / 이희영 지음 / 창비

7) 게임한다 고로 나는 존재한다 / 이동은 지음 / 자음과모음

8) 누가 뭐래도 내 길을 갈래 / 김은재 지음 / 사계절

9) 회색 인간 / 김동식 지음 / 요다

10) 개을 훔치는 완벽한 방법 / 바바라 오코너 지음, 신선해 옮김 / 놀

# 나를 설명하는 언어를 갖는다

**짧은 생활문 쓰는 습관**

이인경

이인경 : 독서 토론과 글쓰기로 제2의 세상을 만났습니다. 숭례문학당에서 〈온라인 청소년 글쓰기〉와 〈한 문단 글쓰기〉 모임을 꾸려 함께 쓰고 읽는 즐거움을 누리고 있습니다. 교육청, 연수원, 지역 구청 및 도서관과 학교에서 독서 토론과 글쓰기 교육을 진행하고 강의합니다.

매일 새벽 5시, 채 떠지지 않는 눈을 비비며 노트북 앞에 앉습니다. 인터넷을 열고 제가 운영하는 글쓰기 모임 〈청소년 글쓰기〉와 〈한 문단 글쓰기〉 카페를 차례로 들어가 봅니다. 참여자들의 글을 쭉 훑어보며 '좋아요'를 누르고 댓글을 남깁니다. 짧게는 한 시간, 길게는 서너 시간이 걸립니다. 제가 운영하는 글쓰기 모임을 다녀간 참여자는 청소년과 성인을 포함해 약 150여 명, 3년간 그분들의 글에 총 10,500여 개의 댓글을 달았습니다. 그 사이 제 상체는 구부정해지고 거북목이 되었습니다. 댓글 타이핑이 많은 날에는 손가락과 손등이 뻐근할 정도입니다. 네, 예상하신 대로 저는 '프로 댓글러'입니다.

어린 시절부터 저는 사람들 앞에 나서서 이야기하는 것을 극도로 꺼리는 성격이었습니다. 내 말이 틀린 걸까? 누가 나한테 물으면 뭐라고 대답하지? 매번 망설일 때가 많았으며 제대로 대화를 이어가는 것도 쉽지 않았습니다. 사람들과 관계 맺기를 어려워하는 저에게 책은 좋은 '도피처'였습니다. 우울감이 올 때, 까닭 없이 어딘가로 도망치고 싶을 때, 저는 자주 책 속으로 들어갔습니다. 책 속은 안온했습니다. 한 장씩 책갈피를 넘기며 사람들과 맺어야 할 관계를 피할 수 있는 데까지 피하고, 미룰 수 있는 데까지 미루는 것이 버릇이 되었습니다. 다만 책은 장르를 가리지 않고 닥치는 대로 읽었습니다. 아무 친구나 막 사귀는 것과 같았습니다.

그러다 고등학교 시절 대학 입시에 쫓겨 다들 그랬듯이 책을 잠시 밀쳐 놓았습니다. 교과서와 참고서 외에는 책을 들지 못한 시간이었습니다. 사막에 홀로 서 있는 것과 같았습니다. 책을 벗어난 세상은 힘들었고, 공부는 고단했습니다. 그렇게 입시의 터널을 지나 대학생이 되었습니다. 이제는 정말 세상과 조우할 때가 되었지요. 혼란하고 열 뜬 20대를 지나 결혼을 하고 아이를 셋 낳아 길렀습니다. 정말 순식간에 일어난 일처럼 시간은 쏜살같이 흘러갔습니다. 그 사이 책은 잠시 꾸었던 꿈처럼 잊혀져 갔습니다.

"이렇게, 앞으로 50년을 더 보내야 하나?" 어느 날 문득 아이들 옷 정리를 하며 이런 생각이 떠올랐습니다. 한숨이 절로 나왔습니다. 그때 우연히 숭례문학당을 만났습니다. 잠시 잊었던 꿈을 다시 불러 세우듯 책을 들게 되었습니다. 이번에는 혼자 읽는 책이 아니었습니다. 함께 읽는 책이었습니다. 사람들 앞에 나서서 이야기하는 것을 꺼리는 저와는 잘 맞지 않는 모임이었습니다. 그런데 신기하게도 학당에만 가면 다른 사람들과 대화하는 것이 편안했습니다. 불쑥 "나 요즘 이 책을 읽고 있는데"라고 대화를 시작해도 이상한 눈으로 보는 사람은 아무도 없었습니다. 책 들고 다니며 잘난 척한다고 비아냥대는 사람도 없었습니다.

모임의 다른 분들이 추천해주는 대로 책을 읽었습니다. 꿈속을 헤매듯 책 속을 헤엄쳤습니다. 좋았던 구절을 나누면 옆에서 "어머, 나도 좋았어!"라고 추임새를 넣어주는 분도 있었고, 아무리 엉뚱한 생각을 내놔도 "그래, 그럴 수 있지"라며 제 얘기에 고개를 끄덕여 주는 분도 있었습니다. 책과 사람이 한데 어우러지는 경험은 뜨거웠습니다.

어느 날, 같이 모임을 하던 한 선생님께서 "샘, 이제 써야 하지 않겠어요?"라고 물어왔습니다. 스치듯 물어본 것인지도 모르겠습니다. '써야 한다'는 그 말이 제 가슴에 꽉 와닿았습니다. 저는 그분을 따라 서평 쓰기 모임에 참여했습니다. 첫 서평을 쓰느라 사흘 밤 잠을 설쳤던 것 같습니다. 밤새 고치고 고치고를 반복했습니다. 그동안은 SNS에 올리는 몇 문장이 전부였는데, 첫 서평에 모든 것을 쏟아 A4 4장을 꽉 채웠습니다. 그렇게 해서 완성한 첫 서평은 어쩐지 '알맹이'가 없어 보였습니다. 해석과 감상이 뒤죽박죽 섞인 글이었고 장황할 뿐이었습니다. 하지만 학당에서 함께 공부하던 선생님들은 저의 '발 서평'에도 칭찬을 아끼지 않았습니다. "잘 읽힌다!" "재미있어!"라는 말로 저를 띄웠다가 "하지만 이 부분은"이라는 말로 정신을 번쩍 차리게 했습니다. 그 후로도 밤을 새워 글을 쓰고 퇴고하는 일이 반복되었습니다. 느리지만 한 발 한 발 조금씩 나아간다는 느낌이 저를 움직이게 했습니다. 더 섬세하고 단단한 문장을 쓰고 싶었습니다. 더불어 누군가에게 이 느낌을 전해주고 싶었습니다. 용기를 내어 글쓰기 모임을 직접 열었습니다.

지금은 글쓰기 모임 운영 3년 차입니다. 모임은 청소년과 성인으로 나누어 운영됩니다. 모임 참여자들은 활동 기간 내내 매일 글을 씁니다. 기수가 점점 쌓이면서 모임 운영에도 요령이 생겼습니다. 그렇지만 글쓰기는 여전히 요령 바깥의 영역입니다. 미룰 수 있을 때까지 미루고 싶고, 피할 수 있다면 최대한 피하고 싶은 것이 글쓰기입니다. 하지만 운영자이다 보니 그럴 수가 없습니다. 누군가의 '마감 엄수'를 독려하기 위해서는 저부터 마감을 잘 지켜야 했습니다. 그렇게 지금까지 스스로를 채찍질하고 있습니다.

저녁 9시부터 11시까지는 다음 날의 글감을 올리는 시간이고, 아침 5시부터 7시까지는 밤사이 올라온 참여자의 글에 댓글을 달고 게시판과 단톡을 관리하는 시간입니다. 모임 참여자들은 일상을 돌아보는 글이나 자기 입장을 서술하는 글, 주어진 텍스트에 단상을 더하는 글을 씁니다. 그림이나 동영상, 칼럼을 보고 쓸 때도 있습니다. 글의 시점을 달리해 적어보거나 하나의 주제로 연작을 쓰기도 합니다. 내키지 않는다면 머릿속에 떠오르는 짧은 생각을 두서없이 글로 남겨도 됩니다. 뭐든 쓰기만 하면 두 팔 벌려 환영입니다.

글쓰기 모임에서 누구에게나 가장 쉽게 접근할 수 있는 글감은 '생활문'입니다. 일상생활의 한순간을 설명하는 글입니다.

시간 순서대로 서술할 수도 있고, 시선의 움직임대로 보이는 장면을 묘사할 수도 있습니다.

청소년 글쓰기 모임에서 다음과 같은 글로 글감 제시문(리드문)을 올린 적 있습니다.

"오늘은 하루 종일 자기 주변을 둘러보세요. 그리고 스마트폰으로 주변 사진을 찍어보세요. 그 아래에 짤막한 글을 달아보세요. 일기 형식이 될 수도 있고, 저녁 노을을 본 후의 단상이 될 수도 있겠죠. 아니면 감동적으로 다가온 영화의 어느 한 부분을 캡처하거나, 키가 자라 짧아진 바짓단에 대해 쓸 수도 있을 거예요. 맛있는 음식, 달콤한 디저트, 읽었던 책의 한 구절, 길을 가다 발견한 예쁜 옷 등 우리 주변에서 흔히 보이는 글감을 발견해봅시다. 다만 완성된 문장 형태로, 적어도 다섯 문장 이상의 글을 써주세요."

이 글을 읽은 참여자 가운데 한 학생(고등학생 L)은 이런 글을 올렸습니다.


제목: 통 모짜 핫도그

오랜만에 들른 명랑 핫도그에서 고구마 통모짜 핫도그를 하나 샀다. 햇볕은 따갑게 내리쬐는데 따뜻하기는커녕 춥기만 하다. 손, 발, 귀, 안 시린 곳 하나 없다. 가게 안에서 몸을 녹여본다. 귀는 시리다 못해 따갑고 아프다. 얼른 집에 가서 몸도 녹이고 핫도그나 먹어야겠다.

　다른 한 학생(고등학생 S)은 이렇게 다소 긴 단상도 올렸습니다.

　제목: 집 앞 거리

　내가 거의 5,000일을 살아온 정든 우리 집 앞 거리다. 맨날 길을 걸어서 내려가다 보면 꼭 담배 피는 아저씨가 두세 명은 있고, 차도 계속 지나다닌다. 높은 언덕 중턱에 있어서 귀찮게끔 계속 오르막 내리막을 걸어야 한다. 겨울철에는 눈이 와 미끄러질까 봐 노심초사, 더운 여름만 되면 도대체 이 언덕은 왜 이렇게 긴지…. 근처에 공원이나 놀이터 같은 재미있는 곳은 별로 없고, 부동산이나 미용실만 즐비하다. 초등학교 때는 학교 거리가 멀어서 고생하고, 중학교에 들어오니 거리는 짧아졌지만 엄청난 경사의 길이 나를 맞이한다. 그다지 좋은 길이라고는 생각이 들지 않는다. 그래도 난 이 길을 좋아한다. 어쩌면 십 년 넘게 이곳에 살면서 정이 든 건지도 모르겠다. 나중에 이곳도 재개발한답시고 다 조각내서 아파트 단지로 만들 날이 오겠지만, 그때까지는 이 길과 같이 있고 싶다. 앞으로도 잘 부탁한다. 그리고 겨울에는 좀만 덜 미끄러우면 안 되겠니? 부탁이야. 여름에는 그늘도 좀 만들어 주고, 응?

이 모두 생활 속에 스며든 생각의 단초를 문장으로 옮긴 글입니다. 성인에게는 자신의 다양한 인생 경험이 잘 녹아나게끔 글을 쓰도록 유도합니다. 하지만 쉽지는 않습니다. 많은 분들이 업무나 일기 외에 글쓰기 경험을 거의 하지 않기 때문입니다. 그리고 마음속 이야기들을 빠짐없이 전달하려다 보니 글의 분량은 늘어나는 데, 알맹이는 잘 잡히지 않습니다. 정작 하고 싶은 말은 하지 못하고 제대로 마무리가 안 될 때도 있습니다. 그래서 저는 좀 더 구체적으로 글감을 제시하고 분량을 한 문단으로 제한하는 방식으로 글쓰기를 주문합니다.

다음은 〈한 문단 글쓰기〉 모임에서 제가 올린 글감 제시문입니다.

"『자존감 수업』을 쓴 윤홍균 작가는 내 마음과 뇌가 듣고 싶은 이야기를 자주 해주라고 말하면서, 아무도 나에게 괜찮다고 말해주지 않을 때 스스로 자존감을 높이는 말로 '괜찮아' '그럴 수 있어' '다음에 더 잘하자' '나는 항상 네 편이야' 등 네 가지를 들었습니다. 이 네 가지 말 중 자신의 마음을 위로하기 위해 자주 하는 말이 있다면 한 문단으로 글을 써 보세요. 위의 네 가지 말 외에도 자존감을 높이는 나만의 말에 대해 적어 주셔도 좋습니다."

이 제시문이 나간 날, 어느 분(교사 K)은 아래처럼 글을 올려 주셨습니다.

제목: 마법주문

마법 주문처럼 외우는 나만의 말은 '그런 거지, 뭐. 그래서, 뭐'다. 살면서 소심해질 때 이 주문을 외운다. 상황에 따라 '(인생사) 그런 거지, 그럴 수 있지' '그래서, 뭐 (어쩔 건데)' 같이 약간 변형해서 사용하기도 한다. 특히 납득하기 어려운 상대방을 만났을 때, 남들은 아무렇지 않아 보이는데 혼자서만 무언가를 신경 쓰는 듯할 때 사용하면 효과가 꽤 있다. 이 말을 뱉고 나면 신기하게도 괴로움이 줄어드는 기분이 든다. 심지어 괴로움을 제공한 고민을 쉽게 잊어버리기까지도 한다. 가볍게, 그리고 담담하게 뱉어 본다. '그래서 뭐. 그런 거지 뭐'라고.


또 다른 어느 분(주부 M)은 평소 좋아하는 노래의 노랫말과 연관지어 글을 써주었습니다.


제목: 수고했어, 오늘도

제가 좋아하는 곡 중 '수고했어, 오늘도'라는 곡이 있습니다. 이 곡을 쓴 가수 옥상달빛은 '수고했어, 오늘도'라는 말이 참 듣기 어려운 말이기에, 노래를 통해서라도 이 말을 듣고 싶다고 합니다. 저는 이 말에 정말 공감합니다. 위로, 격려, 응원 같은 이런 따뜻한 말들을 듣기가 생각보다 정말 어렵지 않습니까? 다른 이에게서 듣기가 어렵다면 나만큼은 온전한 자신의 편이 되어 가끔씩 저런 말들을 해주며 나를 다독여 주어야 한다고 생각합니다. 저도 그렇고요. 그런데 저는 노랫말과는 다른 말을 제 자신에게 건넵니다. 제에게는 '수고했다'라는 말이 뭔가 끝났을 때 건네는 말이라고 느껴져, 그 말보다는 '할 수 있다, 해낼 수 있다' 이런 말들, 미래에 뭔가 내 목표를 이룰 수 있을 것이라는 그런 응원을 더 받고 싶어서, 그런 말을 종종 건네는 편입니다.

　우리는 사람들과의 관계 속에서 살아갑니다. 이때 타인과의 소통 능력은 더없이 중요합니다. 하지만 남에게 내 생각과 감정을 온전히 전하기란 쉬운 일이 아닙니다. 내 생각을 말할 기회도 많지 않고, 지지받지 못하거나 무시당하는 경우도 있습니다. 그런 일이 반복되면 자기 생각과 감정이 무엇인지 알 수 없게 됩니다. 짧은 한 문단 쓰기지만 자신의 경험을 재구성하고 거기에 의미를 부여합니다. 나는 어떤 사람이고 무슨 생각을 해왔으며 앞으로 어떻게 살고 싶은지. 독자 없는 글쓰기를 하는 것이 버거울지도 모르고 꾸준히 하기 어려울수도 있지만 여럿이 모여 서로의 글을 읽고 반응하는 사이 우리는 어느새 '나'를 설명하는 언어를 갖게 됩니다. 그리고 더 나아가 타인을 이해하게 됩니다. 저는 이 부분이 인문학의 출발이라고 생각합니다. 결국 인문학이란 '인간의 흔적'을 탐구하는 결과물이니까요.

　오늘도 잊지 않고 습관처럼 글을 쓰고 있습니다. 한 문단 한 문단 짧은 글을 매일 쓰고 있습니다.


## 한 문단(짧은) 글쓰기에 도움이 되는 책 10권

1) 글쓰기의 최전선 / 은유 지음 / 메멘토

2) 필사의 기초 / 조경국 지음 / 유유

3) 청소년을 위한 필사 가이드 / 권정희·전은경·정지선 지음 / 북바이북

4) 기묘하고 아름다운 청소년문학의 세계 / 오세란 지음 / 사계절

5) 책 읽기의 끝과 시작 / 강유원 지음 / 라티오

6) 글쓰기 표현사전 / 장하늘 지음 / 다산초당

7) 내 문장이 그렇게 이상한가요 / 김정선 지음 / 유유

8) 부지런한 사랑 / 이슬아 지음 / 문학동네

9) 태도의 말들 / 엄지혜 지음 / 유유

10) 감정 어휘 / 유선경 지음 / 앤의 서재

# 내 안의 두려움을 이해하다

천 일의 글쓰기 습관

오수민

오수민: 독서 토론 리더로 활동하며 숭례문학당에서 〈그림책 토론 리더 과정〉, 〈그림책 토론 입문 과정〉, 〈교양 북클럽〉, 〈작가처럼 쓰기〉, 〈어린이 독서 토론〉, 〈오수민의 어린이 온라인 글쓰기〉 모임을 진행하고 있습니다. 초중고, 도서관, 교육청에서 독서 토론과 서평 쓰기 등을 가르치고 있습니다. 하남시 일가도서관에서 〈자서전 쓰기〉와 한겨레교육문화센터에서 〈심야 북클럽〉을 운영했습니다. 충북 CBS 라디오방송 시사포워드에서 '만만한 글쓰기' 코너 작가로도 활동 중입니다. 공저로 『온라인 책 모임 잘하는 법』, 『그림책 모임 잘하는 법』이 있습니다.

"에그, 넌 몸이 어쩌면 그렇게 부실하니, 하품 좀 그만해. 같이 어디 가지를 못하겠다."

큰언니가 자주 하던 말이었습니다. 뭘 하려고만 하면 늘 피곤했습니다. 입술을 깨물어도 쏟아지는 하품을 멈출 수가 없었습니다. 분명 하고 싶어서 시작했고 마음도 단단히 먹었는데 무엇이든 3일 고비를 넘기지 못했습니다.

그랬던 제가 백 일도 아니고, 천 일 동안 매일 글쓰기를 해내고 있습니다. 어떻게 그렇게 할 수 있었느냐 묻는다면 전 수영 때문이라고 말하겠습니다. 글쓰기와 수영이라니요. "이게 무슨 시츄이에이션~" 하실지도 모르겠습니다.

햇볕이 따갑게 느껴질 정도로 쨍쨍하던 날이었습니다. 저는 숨 쉬는 동작만 해도 몸이 가라앉는 수영 초보자였습니다. 그날도 팔을 휘휘 돌리며 앞으로 나아가다 숨을 쉬기 위해 고개를 들자 온몸이 뻣뻣해지면서 물 아래로 꼬르륵 가라앉았습니다. 잠시 자유형 연습을 멈추고 수영장 바닥을 뚫어지게 내려다보았습니다. '난 역시 안 돼'하는 자기 불신과 두려움이 수영장 바닥에 아른거렸습니다. 이번에는 다를 거라며 연습 때마다 희망을 품었지만 역시나 절망에 빠지기를 반복했습니다.

전 스스로를 신뢰하지 못했습니다. 그러면서 나 자신에게 화도 났습니다. 무언가를 하겠다고 약속하고 단 한 번도 지킨 적 없는 내가 미웠습니다. 의지박약, 나태, 게으름 이런 단어들 떠올랐습니다. 극복할 방법이나 묘안 같은 것은 없는지 인터넷 검색도 해보았습니다. 특별한 답은 없었습니다. '그냥 열심히 한다'가 답이었습니다.

운동에 대한 자신감을 얻기 위해 근력 운동을 추가했습니다. '매일 근력 운동, 매일 수영'을 반복하는 날이 계속되었습니다. 마음이 약해지려고 할 때마다, 이것 두 개만은 꼭 하자고 스스로를 다독였습니다. 나에 대한 비난과 불신도 더 이상은 안 된다고 생각했습니다. 체력을 키우는 것도 중요했지만 마음 근육을 키우는 것이 더 중요했습니다. '나에게 부드럽게 대하자. 다정한 말을 해볼까? 실패해도 괜찮잖아. 잘하지는 못해도 뭔가를 배울 수는 있을 거야. 할 수 있어. 잘하든 못하든 해낼 거야. 할 수 있다고 믿으면 된다고 했어. 나를 믿지 못하면 누구를 믿겠니?' 이런 말들을 수 없이 되내면서 스스로에게 마인드 컨트롤을 했습니다.

다행히 효과가 없는 것은 아니었습니다. 단 몇 미터도 가기 어려워하던 수영 실력이 자유형으로 50m 레인을 세 번이나 턴까지 하면서 쉬지 않고 오가는 데 성공을 했습니다. 처음으로 맛본 성공의 경험은 황홀했습니다. 성공 이후 그 두 배인 여섯 번 턴에 도전했습니다. 한 번은 다섯 번째 턴에서 물안경 속으로 물이 새는 일이 있었습니다. 마지막 한 번이면 되는데, 앞은 안 보이고 눈은 따갑기만 했습니다. 그러자 갑자기 두려움이 엄습해 왔습니다. 숨이 막히는 것 같고, 무언가 온몸을 조여 오는 듯한 기분이 들었습니다. 이제 그만, 하는 생각이 들려던 찰라, 아니야 할 수 있어, 라는 생각이 동시에 고개를 들기 시작했습니다. 그러면서 내 속의 두려움을 풀장 밖으로 밀어내는 상상을 했습니다. 한 쪽 눈은 이미 침수 상태였지만, 나머지 한쪽 눈으로만 수영을 이어갔습니다. '한 번만 더 가자, 한 번만 더 가자'라고 스스로를 다독였습니다. 저는 그날 무려 50m 풀을 한 번도 쉬지 않고 21번이나 오가는 엄청난 기록을 세웠습니다. 그리고 그 뒤, 얼마 뒤에는 42번의 기록도 세웠습니다.

수영장에서 세운 기록은 내게 질문을 던져 주었습니다. '그렇게 안 되더니 난 왜 갑자기 수영을 잘할 수 있게 된 걸까? 그동안 무엇을 무서워했던 걸까?' 그동안 나를 지배했던 불신과 두려움이 떠올랐습니다. 불현듯 이걸 글로 써야겠다는 생각이 들었습니다. 수영에서의 자신감이 글쓰기 자신감으로 이전되었습니다. 글쓰기도 수영처럼 꾸준한 도전을 하면 잘하게 되지 않을까, 하고요. 그때부터 저는 100일 글쓰기를 목표로 하고, 하나씩 해보기로 했습니다.

100일 쓰기 규칙으로 글을 쓸 때마다 블로그 제목에 일련번호를 붙여 나갔습니다. 1일 차, 2일 차, 3일 차 이렇게 적다보면 숫자를 늘리는 맛 때문에 이어서 할 수 있을 것 같았습니다. 누군가 내 글을 볼 거라며 일부러 시선을 의식하게끔 한 조처였습니다. 그리고 글쓰기 습관을 만들려면 매일 같은 시간에 해야 한다는 고수의 조언대로 새벽 6시에 일어나 글을 쓴다고 시간까지도 정해 두었습니다. 길게 쓰는 것은 부담될 수 있으니 다섯 줄만 써도 된다고 생각했습니다.

100일 동안 쓸 주제는 '과거 속 나의 두려움 찾기'였습니다. 내가 무엇을 무서워하는지, 왜 하는 일마다 힘이 드는지, 알아내는 프로젝트였습니다. 매일 이 주제를 가지고 글을 얼마나 쓸 수 있을까 생각하기도 했지만, 제 안에 두려움이 얼마나 깊게 뿌리내리고 있었는지, 매일같이 할 말이 떠올랐습니다. 그렇게 100일 내내 두려움에 대한 이야기가 제 마음속에서 흘러나왔습니다.

동생보다 더 좋은 물건을 갖고 싶다는 마음을 감추기 급급했던 아이, 사소한 잘못에도 부모님께 혼날까 봐 벌벌 떠는 아이, 그리고 착한 딸, 착한 동생, 착한 언니, 착한 아내, 착한 며느리, 착한 친구, 착한 동료, 착한 사람이라는 타이틀을 잃어버릴까 전전긍긍하는 모습도 보였습니다. 속마음을 말하면 이기적이라는 말을 들을까 싫다는 말도 못했습니다. 남의 눈에 들려고 안간힘을 쓰고 실수를 감추기도 했습니다. 이 모든 것의 중심에 두려움이 있었습니다. 과거 속의 '나'는 피해만 다니던 사람이었습니다.

그렇게 100일간의 기록을 묶어 제본을 해보니 총 93쪽으로 된 책 한 권이 나왔습니다. '두려움의 책'이며 '나를 알아가는 글'이 담긴 책이었습니다. '두려움을 없애고 싶어 하는 나를 위한 책'이었습니다. 글을 통해서 분명히 알게 되었습니다. 두려움은 내 삶을 갉아먹고, 불신의 방에 나를 가두고, 앞으로 한 발짝도 나아가지 못하게 한다는 것을. 만약 글쓰기를 하지 않았다면 두려움의 실체를 파악하지 못했을 것입니다. 글쓰기는 두려움을 내 속에서 분리해 객관화된 상태를 만들어 주었습니다. 그리고 모두가 쓸모없는 두려움이었다는 사실을 알게 해주었습니다. 100일 동안의 글쓰기는 지금까지 제가 살면서 한 일 중 가장 잘한 일이었습니다. 물론 수영을 포함해서 말입니다.

글쓰기를 끝내고 마치 새로운 세상에 태어난 듯, 적극적인 사람으로 나를 바꾸고 싶었습니다. 지금의 자신감에 뭔가를 하지 않으면 또다시 길을 잃을까 두려웠습니다. 당시 저는 일을 그만둔 상태였습니다. 대학 강사로 일을 시작했다 연구원으로 자리를 옮기고, 그다음 학원 운영을 시작했다 그마저도 그만둔 상태였습니다. 가족과 친구들이 "너 앞으로 뭐할 거니?" 물어보면 아무 답도 못하던 시절이었습니다.

저는 자신감을 갖고서 새로운 전기를 마련하고 싶었습니다. 그러다 우연히 숭례문학당이라는 학습공동체를 친구에게 소개받았습니다. 당장 먹고사는 일을 하는 것도 중요하지만, 나에 대한 공부를 조금 더 이어가고 싶었습니다. 저의 스타일대로 조금씩, 느리고, 길게 3년이라는 시간을 정하고 그 시간 동안 내면을 탐구하는 공부를 하기로 했습니다. 직장 생활에서도 3년 정도는 일해야 경력직으로 인정해주는 것과 같다고 생각했습니다. "난 3년 동안 책을 읽고, 토론을 하고, 글쓰기를 할 거야. 그동안 내가 할 일을 찾아보려고 해." 이렇게 대답할 말이 생기자 마음이 놓였습니다. 3년의 시간은 두려움에 휘둘리지 않고 온 힘을 다해 내 안의 욕구를 받아쓰는 연습을 하는 시간이었습니다.

매일 책을 읽고, 독서 토론에 참여하고, 글을 쓰는 날이 이어지던 어느 날이었습니다. 천 일 동안 매일 글쓰기를 한 강사와 이야기를 나누게 되었습니다. 천 일이라면 100일 글쓰기를 열번 해야 하는 시간입니다. 천 일이라는 말에 전 다시 작아졌습니다. 그런데 이번에는 혼자가 아니었고, 같이 하는 사람들이 있었습니다. 이미 천 일 글쓰기를 경험한 리더 선생님과 천 일 동안 한 걸음씩 같이 걸어 갈 동료들이 있었습니다. 이번에도 1일 차, 2일 차, 3일 차 그렇게 숫자를 적으면서 시작했습니다. 이제 시작해서 언제 천 일을 다할까 했지만 저를 믿기로 했던 자신감을 떠올렸습니다.

이슬아 작가의 에세이 『나는 울 때마다 엄마 얼굴이 된다』라는 책을 읽게 되었습니다. 그리고 이슬아 작가의 셀프 연재 프로젝트에 대해서도 알게 되었습니다. 작가는 한 달에 구독료만 원씩을 받고, 자신의 글을 읽겠다는 독자에게 매일 한 편의 수필을 이메일로 보내는 일을 했습니다. 유명 작가가 아니고는 엄두도 내지 못할 일인데, 무명에 가까운 작가가 그렇게 한다는 것이 무척 신기하고 호기심이 이는 일이었습니다. 그러면서 나도 한 번 해볼까 하는 생각이 들었습니다. 누군가 내 글을 구독한다면, 매일 글을 쓰는 일에 엄청 집중할 수 있겠다, 하는 생각도 들었습니다.

이번에는 저답지 않게 무슨 자신감이었는지, 일사 천리로 제 블로그의 글을 구독할 사람을 모집한다는 공지를 올렸습니다. 저는 구독료를 조건으로 걸지는 않았습니다. 아무도 신청하지 않을 것 같았습니다. 대신 제 글을 읽고 피드백을 해줄 분이면 충분하다고 했습니다. 그렇게 블로그에 공지 아닌 공지를 한 후 약 두 시간쯤 되었을까요? 수십 명의 다른 블로거들이 댓글을 달아주었습니다. 처음에는 신기했습니다. 하지만 첫 번째 글을 쓰고는 내가 엄청난 일을 저질렀구나를 알게 되었습니다. 혼자서 글을 쓸 때는 부담이 없었는데, 독자의 눈을 의식하고부터는 한 문장 쓰기가 어려웠습니다. 글이 안 나오는 날에는 피가 마르는 듯한 심정이 들기도 했습니다. 새벽 4시까지 컴퓨터 앞에 앉아 있는 날도 있었습니다. 마감을 지키려고 욕심을 부리다가 죽을 수도 있겠다 싶었습니다. 하지만 독자와의 약속은 반드시 지켜야 했습니다. 나를 다그치는 것이 또 다른 두려움을 낳는 것이 아닐까, 내가 괜한 일을 벌여 다시금 좌절하는 것은 아닐까, 하는 두려움이 고개를 들었습니다. 그럴때마다 미끄러지듯 수영하는 나와 100일을 글쓰기를 무사히 마친 나를 생각했습니다. 그렇게 온 힘을 다해 마감을 지키면서 독자들에게 100일 차까지 글을 보냈습니다. 또 한 번의 두려움을 극복한 일이 되었습니다.

글쓰기는 두려움에 용감히 맞서는 방법입니다. 우리가 인문학을 공부하는 이유도 나 자신을 알고, 내 안의 두려움을 이해하기 위해서입니다. 저에게 글쓰기는 인문학을 공부하는 것과 다름없습니다. 무지에 대한 두려움, 관계에 대한 두려움, 미래에 대한 두려움 이 모두를 글쓰기로 이겨낸다면 그것만큼 의미 있는 인문학 공부도 없습니다. 이제 100일을 넘어 천 일 글쓰기의 도전을 꿈꿔봅니다.


## 내 안의 두려움을 없애는 데 도움을 주는 책 10권

1) 두려움의 열 가지 얼굴 / 한스 모르쉬츠키·지그리트 자토어 지음. 김현정 옮김 / 애플북스
2) 자신감 수업 / 수전 제퍼스 지음, 노혜숙 옮김 / 마인드빌딩
3) 나는 생각보다 용감하다 / 케이트 스워보다 지음. 김은지 옮김 / 생각의 서재

4) 마음 감옥 / 앙드레 샤르보니에 지음, 권지현 옮김 / 을유문화사

5) 불안을 이기는 힘 / 마크 프리먼 지음, 허은솔 옮김 / 반니라이프

6) 두려움이 인생을 결정하게 하지 마라 / 브렌든 버처드 지음, 안시열 옮김 / 토트

7) 두려움의 기술 / 크리스틴 울머 지음, 한정훈 옮김 / 예문아카이브

8) 나는 까칠하게 살기로 했다 / 양창순 지음 / 다산북스

9) 마인드 바이블 / 이창우 지음 / 서우북스

10) 생각 빼기의 기술 / 이우경 지음 / 메이트북스

# 거인의 어깨 위해서 세상을 보다

## 필사하는 습관

윤석윤

윤석윤: '나는 학생이다'라는 신조를 가진, 평생 학습의 실천자로 살고자 합니다. 읽고 토론하고 글쓰기를 즐기며 강의를 사랑합니다. 문화센터와 도서관, 교육청과 대학에서 학생과 시민, 사서와 교사에게 독서와 토론, 글쓰기를 가르치며 배웁니다. 공저자로 『이젠, 함께 읽기다』, 『책으로 다시 살다』, 『질문하는 독서의 힘』, 『당신은 가고 나는 여기』, 『은퇴자의 공부법』, 『아빠, 행복해?』 등에 참여했고, 서평집 『쓸모없어도 아름답기를』, 단독 저서로 『나는 액티브 시니어다』가 있습니다.

10년 전 글쓰기 공부를 시작했습니다. 한 선배와 함께 분당에 있는 어느 문화 센터 글쓰기 과정을 등록하면서부터입니다. 그 때는 '책을 쓰고 싶다'는 막연한 꿈 때문이었습니다. 과정을 마친 다음 강사님 소개로 숭례문학당을 찾아갔습니다. 그다음 단계의 글쓰기를 배우기 위해서였습니다.

학당에서 글쓰기 공부를 하면서 '어떻게 하면 좋은 글쓰기를 빨리 배울 수 있을까?'를 고민했습니다. 이왕 시작했으니 빨리 습득하고 싶었습니다. 글쓰기 공부를 시작할 당시 나이가 50대 중반을 넘어서고 있었으니 서두르는 마음이 없을 수가 없었습니다. 그렇게 이런저런 좋은 방법을 찾아 헤매다 '필사(筆寫)'를 알게 되었습니다. 필사란 남의 글을 베껴 쓰는 글쓰기 연습을 말합니다. 문장력과 표현력, 구성력을 습득할 수 있는 좋은 훈련법입니다. 필사의 시작은 쉽습니다. 보고 베끼면 되니 말입니다. 어떤 글을 쓸까 고민할 필요도 없습니다. 잘 쓴 글, 명문으로 꼽히는 문장, 구조와 논리를 배울 수 있는 좋은 칼럼, 표현력이 탁월한 소설 등 필사할 만한 문장과 글은 넘치도록 많으니까요.

소설가 조정래 선생은 네이버 〈지식인의 서재〉에 출연해 이렇게 말했습니다. "필사할 때는 마침표 하나도 똑같이 베껴 써야 합니다. 구두점 하나, 띄어쓰기 하나, 어느 것도 소홀히 해서는 안 돼요. 바른 정자로 또박또박 곱씹으며 베껴 써야 합니다. 글을 잘 쓰고 싶은 사람에게 필사 연습은 아주 중요합니다." 조정래 선생은 물론이고, 우리가 알만한 다른 유명 작가들도 필사로 글쓰기 연습을 했습니다. 소설가 신경숙은 서정인의 『강』, 김승옥의 『무진기행』, 오정희의 『중국인 거리』 등을 노트에 옮겨 적으며 공부했다고 합니다. 『모비딕』의 작가 허먼 멜빌은 셰익스피어의 작품을 필사했고, 『달과 6펜스』의 서머싯 몸도 다른 작가의 아름다운 문장을 베껴 썼습니다. 시인들도 마찬가지입니다. 시인 정호승, 안도현도 시작 연습을 하면서 필사를 많이 했다고 말했습니다. 안도현은 백석 시인을 모델 삼아 베껴 쓰기를 했습니다. 프로 작가들도 필사를 통해 글쓰기 연습을 하는데, 아마추어인 내가 하지 않을 이유가 없습니다.

학당의 다른 리더분들에게 서평 필사를 함께하자고 제안했습니다. 혼자 하는 것보다 함께 하는 공부가 좋습니다. 혼자 하면 빨리 갈 수 있을지 모르나 지치기도 쉽고 그래서 금방 포기할 때도 많습니다. 반면에 함께 가면 더딜지 모르나 완주할 수 있습니다. 카톡방에 필사방을 만들고 100일 동안 서평 필사를 했습니다. 서평은 독서와 글쓰기를 동시에 할 수 있는 좋은 텍스트입니다. 서평은 아시다시피 책을 읽은 후에 책에 대한 감상과 평가 그리고 해석과 적용을 글로 쓰는 것입니다. 그래서 필사를 하면 책을 분석하고 파악하는 독해력, 생각을 정리하는 사고력, 바른 표현을 사용하는 문장력까지 함께 기를 수 있습니다.

한번 시작한 필사 모임은 100일이 한 번이 되고, 두 번이 되고 계속 이어졌습니다. 하지만 세 번째가 되던 즈음 참여하던 분들이 각자 운영하는 공부 모임들이 따로 있다 보니 더이상 필사 모임 참여를 어려워했습니다. 그래, 그러면 이 참에 정식 모임을 만들어 보면 좋겠다고 생각했습니다. 리더들끼리만 하는 모임이 아니라 누구나 참여할 수 있는 필사 모임, 그렇게 만든 것이 〈온라인 서평 필사〉입니다.

그동안 공부했던 서평을 제시하고 글을 분석해주는 방식으로 운영했습니다. 문학평론가 신형철, 여성학자 정희진, 소설가 장정일, 소설가 김탁환, 도서평론가 이권우, 기자 이다혜, 시인 장석주, 시인 고두현 등의 서평을 함께 필사했습니다. 분량은 원고지 10매에서 15매 정도가 나오는 글로 제한했습니다. 필사를 많이 해보신 분들은 알겠지만, 손 글씨를 쓰는 게 은근 힘이 많이 들어갑니다. 그래서 필사할 분량이 길면 지치게 됩니다. 그렇게 되면 기계적인 쓰기에만 집중하게 됩니다. 아무튼 필사할 수 있는 글을 잘 선정해서 제시했는지 그동안 50기를 진행했습니다. 무려 50개월 동안 필사를 해온 셈입니다.

서평 필사를 하면서 서평가뿐만 아니라 다른 작가의 글도 공부했습니다. 저는 개인적으로 '지식 소매상' 유시민 작가를 좋아합니다. 책과 글 그리고 말(방송)을 통해 그를 알게 되었는데, 그의 주장은 논리적이고 설득력이 있었습니다. 그래서 공감이 가는 부분이 많았습니다. 그동안 출간된 유시민의 책을 모두 사서 읽고는 자연스레 '유빠'가 되었습니다. 그리고는 유시민 작가처럼 글을 쓰고 싶은 마음에 그의 문장을 필사하기 시작했습니다. 그동안 필사한 책은 총 7권입니다. 『어떻게 살 것인가』, 『나의 한국현대사』, 『국가란 무엇인가』, 『후불제 민주주의』, 『경제학 카페』, 『청춘의 독서』, 『거꾸로 읽는 세계사』입니다. 혼자 필사를 하다가 이것도 같이 하면 더 재미있겠다 싶어 유시민 작가의 책만 읽고 필사하는 모임을 만들었습니다. 이곳에서도 마찬가지로 함께 하는 공부의 즐거움을 익혀 나가고 있습니다.

회원 모집을 위해 다음의 글을 쓴 적 있습니다.

"말을 잘하는 사람은 많다. 하지만 말을 잘한다고 반드시 글을 잘 쓰는 것은 아니다. 이것이 사람들의 일반적인 생각이다. 하지만 이런 생각에 다른 주장을 하는 사람이 있다. 유시민이다. 그는 말과 글의 전문가다. 정치인이었으며 방송 진행을 했고 글 쓰는 일을 직업으로 삼고 있다. 정치·경제·역사에 관한 책도 썼으며 에세이와 글쓰기 책도 출간했다. 그는 말을 잘하면 글도 잘 쓸 수 있다고 주장한다. 말과 글은 생각을 표현하는 수단일 뿐이라는 것이다. 하지만 현실은 어떤가? 사람들은 글을 잘 쓰지 못한다. 게다가 글쓰기에 두려움까지 갖고 있다. 대한민국 공교육이 글쓰기 교육을 제대로 하지 않기 때문이다. 그러니 말을 잘하는 사람도 드물다. 유시민은 그런 사람들을 위해 글쓰기 책을 출간했다. 그는 '훌륭한 글은 많은 독자가 깊게 공감할 수 있는 글'이라면서 쉽게 읽히는 글이 좋은 글이라고 했다. 그의 책을 베껴 쓰면서 그의 글쓰기 노하우를 배워보자. 유시민 작가의 책을 필사하면 논리적 글쓰기를 익힐 수 있다."

　서평 필사와 유시민 작가의 책 필사 그리고 여기에 잊지 않고 하는 필사가 하나 더 있습니다. 그것은 바로 시(詩)를 필사하는 일입니다. 6년 전 어느 날, 고두현 시인이 진행하는 '시 강좌'를 수강한 것이 계기였습니다. 수강한 이유는 시인이 되고 싶어서가 아니라 시를 이해하고 싶어서였습니다. 또 시인의 마음을 알고 싶어서였습니다. 8주간의 시 강좌를 마치고 나서 수강자들은 모두 카카오톡 단체채팅방을 만들고 그곳에서 매일 시 한 편씩을 필사하자고 약속했습니다.

　시 필사는 그렇게 시작되었습니다. 저는 매일 아침 한 편의 시로 시작합니다. 계절이 여러 번 바뀌고 세월이 몇 년이 지나면서 시 필사를 그만둔 분들도 있지만 저는 한 번도 포기하지 않고 이어가고 있습니다. 아마 앞으로도 계속 그럴 것입니다.

처음에는 김소월의 시로 시작했습니다. 2012년 문학평론가 75명이 뽑은 10대 시집을 기준으로 했습니다. 10대 시집에는 1위가 김소월, 2위 서정주, 3위 백석 그 외에 한용운, 윤동주, 정지용, 이상, 김수영, 임화, 이육사의 시집이 있습니다. 10권의 필사를 모두 마친 후에는 다른 시집을 계속 필사했습니다. 유치환, 구상, 김용택, 황지우, 류시화, 이해인, 김초혜 등. 지금까지 여러 시인의 시를 필사해보았는데, 그중 김소월의 시가 가장 좋았습니다. 소리 내어 읽으면 노래가 됩니다. 운율과 리듬감이 들어 있고 읽다 보면 자연스럽게 한 편의 그림이 떠오릅니다. 민족 정서가 저절로 느껴지기도 합니다. 김소월의 시가 가곡이나 노래 가사로 많이 쓰이는 이유도 이 때문인 것 같습니다.

서평 필사에서부터 유시민 작가의 책 그리고 시를 필사한 경험까지 이어서 말씀드렸습니다. 필사하게 되면 문장 그리고 문장의 앞과 뒤, 나아가 단락 전체를 보게 됩니다. 그러면서 글의 구조를 익히게 됩니다. 제목을 어떻게 달았는지, 도입부는 어떻게 시작하고, 인용은 어떻게 했는지, 주제를 어떻게 표현하고, 글의 마무리를 어떻게 했는지 등을 알게 됩니다. 그리고 좋은 문장이랑 어떤 것인지, 말버릇 같은 군더더기가 문장 속에 섞이면 왜 안 되는지 등도 알게 됩니다. 그리고 글 쓰는 사람 관점에서의 글쓰기가 아니라 읽는 사람 관점에서의 글쓰기를 하게 됩니다. 그리고 기초적인 교정 교열 지식도 얻을 수 있습니다.

인간답게 살기 위한 방법의 하나로 책 읽기와 글쓰기만 한 것이 없다고 생각합니다. 필사는 이 두 가지를 동시에 할 수 있도록 도와줍니다. 따라 쓰며 텍스트와 대화하고, 저자와 대화하고, 자신과의 대화를 이어갑니다. 나아가 자신의 글을 쓰게 되면 마치 내면의 안뜰을 가꾸는 것과 같습니다. 그런 점에서 필사는 거인의 어깨 위해서 세상을 내려다보고 나를 돌아보게 합니다.

저는 중년 이후 책을 만나고 필사를 하면서 새로운 인생을 살고 있습니다. 책을 읽고 필사를 하는 일은 지극히 평범한 일이지만, 여기에 세월이 더해지니 비범한 일이 되었습니다. 저는 그동안 총 6권의 공저와 1권의 단독 저서를 출간했습니다. 독서가 만든 변화의 삶을 그린『책으로 다시 살다』, 독서 토론에 관한 책『이젠, 함께 읽기다』와『질문하는 독서의 힘』, 세월호 1주기에 출간한『당신은 가고 나는 여기』그리고 은퇴자의 평생 학습을 다룬『은퇴자의 공부법』과『아빠, 행복해?』등을 공저로 냈습니다. 그리고 최근에는 시니어 강사의 즐거운 삶을 담은『나는 액티브 시니어다』도 출간했습니다. 글을 잘 쓰고 싶어 시작한 일이 이렇게나 커져 버렸습니다.

평생 학습자로 책을 읽고, 좋은 글을 필사하고, 나아가 내 글을 쓰는 것. 무슨 거창한 학문을 배우는 것이 아니라 스스로 학생임을 알고 끊임없이 공부하다 생을 마감하는 것, 이것만큼 멋진 인문학 공부도 없다고 생각합니다.


## 꼭 필사했으면 하는 책 10권

1) 텅 빈 충만 / 법정 지음 / 샘터사

2) 인연 / 피천득 지음 / 민음사

3) 감옥으로부터의 사색 / 신영복 지음 / 돌베개

4) 자전거 여행 / 김훈 지음 / 문학동네

5) 밤이 선생이다 / 황현산 지음 / 난다

6) 어떻게 살 것인가 / 유시민 지음 / 생각의길

7) 느낌의 공동체 / 신형철 지음 / 문학동네

8) 빌린 책, 산 책, 버린 책 / 장정일 지음 / 마티

9) 뒤적뒤적 끼적끼적 / 김탁환 지음 / 민음사

10) 정희진처럼 읽기 / 정희진 지음 / 교양인

# 성숙한 인간이 되는 법

## 그림을 감상하는 습관

김현수

김현수: 외국계 금융 회사에서 11년간 일하다 육아를 위해 전업주부로 살아왔습니다. 책, 영화, 사람을 좋아해서 학부모 독서 토론을 진행하다가 숭례문학당을 만나게 되었습니다. 문학, 철학, 예술 프로그램에 참여하며 제2의 인생을 살게 되었습니다. 학당에서 독서 토론 리더로서 '좋은 건 반드시 함께 나눈다'는 마음으로 활동하고 있습니다. 〈문예사 북클럽〉, 〈톨스토이/헤르만 헤세/이언 매큐언/알베르 카뮈/밀란 쿤데라/로맹가리/J.D 샐린저/68혁명〉 함께 읽기, 〈아트살롱 북클럽〉, 〈스크린텔러 영화클럽〉 모임을 진행하고 있습니다. 문학과 예술, 영화를 통해 인생 글쓰기에 도전하고 있습니다.

어느 날, 우연히 들른 한 미술 전시회에서 마르크 샤갈의 〈도시 위에서〉라는 작품을 보았습니다. 샤갈과 그의 연인 벨라가 서로 꼭 끌어안은 채 자유롭게 도시 위를 날아가는 그림입니다. 어릴 때 미술 교과서에서 자주 보았던 그림입니다. 그런데 그날은 사뭇 다르게 느껴졌습니다. 작품 앞에 우두커니 서 있는데, 갑자기 속울음이 터져 나왔습니다. 제 안에 있는, 왠지 모를 억눌린 감정들이 한꺼번에 쏟아져 나오는 것 같았습니다. 저는 그림 속 연인들처럼 자유롭게 날아다니고 싶었나 봅니다. 그 무렵 저는 이공계 대학을 나와 금융 회사를 다니고 있었습니다. 하루 종일 빠르고 정확한 금융 정보를 다루는 일에 매달렸습니다. 사람보다는 숫자, 사람과의 관계보다는 숫자로 표시되는 성과를 우선하며 살았습니다. 천천히 쌓이는 스트레스를 알지 못했습니다. 언젠부터인가 밤마다 잠들지 못하는 저를 발견하며 알았습니다. "아, 나에게 이 일이, 이런 생활이 맞지 않는구나…."

하지만 당장 무슨 대책이 있을 리 만무했습니다. 그렇게 오랫동안 불면증을 끌어안고 살았습니다. 그러다 다시 만난 그림이 바로 샤갈의 〈도시 위에서〉였습니다. 그때부터 그 그림은 저의 인생 그림이 되었습니다. 그 뒤로 시간이 날 때마다 미술 전시회로 달려갔습니다. 그리고 그림에 말을 걸기 시작했습니다. 그림에 대한 배경 지식은 많지 않았습니다. 그런데도 그림은 제게 많은 말을 건네주었습니다. 전율이 오르는 짜릿한 경험이었습니다. 그림과 대화하는 시간이 가장 행복한 시간이었습니다.

그림과 대화하는 신기한 경험을 다른 사람들과도 나누고 싶었습니다. 하지만 다른 사람들과 대화하는 것은 혼자서 감상하는 것과는 달랐습니다. 그림에 대한 좀 더 깊은 이해가 필요했습니다. 그러려면 공부가 필요했습니다. 그때 발견한 곳이 숭례문학당이었습니다. 숭례문학당은 문학과 철학과 예술에 관한 다양한 책들을 함께 읽고 토론하는 곳이었습니다. 처음에는 그림을 제대로 알기 위해 책을 읽기 시작했는데, 어느덧 책 읽기 자체의 재미에 흠뻑 빠져들었습니다. 열심히 다닌 덕분인지 '독서 토론 리더'라는 자격도 얻게 되었습니다. 그러면서 저만의 콘셉트를 기획으로 모임도 시작하게 되었습니다. 바로 그림 감상을 주제로 한 〈아트살롱 북클럽〉이라는 모임입니다.

모임은 매주 월요일부터 금요일까지, 총 4주 동안 책 한 권을 읽으며 매일 그림 한 작품씩 감상합니다. 참여 인원은 기수당 10명 안팎으로 현재 16기까지 완료하고 17기를 진행하고 있습니다. 단지 그림 보는 것을 좋아해 참여하는 예술 초보자들부터 미술 전시회를 자기 집처럼 드나드는 전문가 수준의 회원들까지 다양한 분들이 함께 그림을 보고 읽으며 대화를 나누고 있습니다.

매일 아침 7시 30분이 되면 오늘의 화가와 그림 한 점이 모임 단톡방으로 배달됩니다. 이 시간은 모두가 가장 바쁜 시간입니다. 허겁지겁 회사에 출근하는 중이거나, 아이들을 학교에 보내려고 식사 준비로 여념이 없거나, 이제 막 침대에서 나오는 중이거나 저마다 가장 바쁜 하루를 시작하는 시간입니다. 그렇게 정신없는 시간을 보내고 혼자 머무는 시간이 되면 회원들은 제가 전달한 그림을 마주하며 그림이 나에게 해주는 이야기에 귀를 기울입니다.

빈센트 반 고흐의 그림 〈까마귀가 나는 밀밭〉을 올렸을 때입니다. 너무 을씨년스러운 그림을 올리는 건 아닌지 걱정도 했지만, 고흐의 그림을 대하는 마음만큼은 그렇지 않을 걸로 생각했습니다. 수시로 올라오는 회원들의 단상을 보니 역시 기우에 불과했음을 알게 되었습니다.

고흐가 자살하기 직전인 1890년 7월 파리 근교의 오베르라는 곳에서 그린 작품입니다. 그림 속 들판은 실제로 반 고흐가 권총으로 자살했던 곳으로 알려져 있습니다. 회원들에게 이 그림을 보고 어떤 느낌이 들었는지 물어보았습니다. 회원 중 한 분은 이렇게 답했습니다. "고흐가 너무나 잘 알려진 화가여서 친숙하지만, 작품 속 곳곳에 깃들어 있는 고독감과 슬픔이 볼 때마다 새롭게 느껴지네요. 제 주변에 고흐의 작품이 슬픔을 자아내서 보기가 힘들다고 하시는 분들도 있더라고요." "그렇죠. 고흐의 안타까운 죽음은 이미 잘 알려졌어서, 마지막 유작을 보면 그의 고통과 고독이 저절로 느껴집니다. 감정 이입을 해서 보다 보면 저 또한 우울한 감정에 빠지기도 해요." 제가 이렇게 다시 답을 달았습니다.

회원들의 감상을 읽으며 한국인들은 왜 고흐를 좋아할까? 고흐의 그림에 내재한 감성이 우리나라 사람들이 오랜 세월 안고 있는 한(恨)의 정서와 맞닿아서 그런 걸까? 아니면, 그냥 정이 많은 민족이어서 자주 애처로운 감정을 느껴서 그런 걸까? 이런저런 생각을 하게 되었습니다.

또 다른 회원은 "저는《러빙 빈센트》와《고흐, 영원의 문에서》라는 영화를 보고 고흐가 어떤 마음으로 작업했는지, 그 마음에 공감이 갔어요. 고흐가 '자신의 눈으로 보는 세상을 작품을 통해 보여주고 싶었다'고 한 말이 오래도록 기억에 남아요"라고 했습니다. "당시에 고흐의 마음을 들어주고, 그림을 알아봐 주는 사람들이 많았다면 그의 인생이 좀 더 행복했겠죠. 그런데 그랬다면, 지금의 명작들이 태어나지 못했을 것 같다는 생각도 들어요. 미술사를 보면 그림에 대한 소신을 지키면서 당대에 인정받으며 사회적 성공을 거둔 화가들은 그리 많지 않았어요. 아마 예술가의 숙명이자 업보가 아닌가 싶어요." 역경 속에서도 최고의 걸작을 만드는 예술가들을 생각하며 저도 한 줄 의견을 보탰습니다.

그림을 추천하면서 조금은 당황스러운 작품을 소개할 때도 있습니다. 화가의 아주 개인적이고 은밀한 마음을 상상해 볼 때입니다. 언젠가 『혼자 보는 미술관』이란 책에 나온 외젠 들라크루아의 〈흐트러진 침대〉를 소개한 적이 있습니다. 들라크루아는 사적 공간을 담은 사실적인 수채화를 많이 그렸는데, 아침에 일어난 뒤 정돈하지 않은 화가 자신의 침대를 그린 작품이었습니다. 현대 미술에서 정돈하지 않은 침대가 등장하는 작품으로는 영국 작가 트레이시 에민의 〈내 침대〉도 있습니다. 자신이 썼던 침대 매트리스와 때 묻은 이불, 잡동사니들을 모아 설치 작품으로 만들었습니다. 미국 작가 펠릭스 곤잘레스 토레스 또한 세상을 떠난 연인의 흔적이 남아 있는 베개를 촬영해 사진 작품으로 남겼습니다.

침대라니, 너무 독특한 발상의 소재라고 많은 회원들이 열띤 관심을 보였습니다. "침대를 소재로 한 작품이 은근 많군요. 이렇게 한군데 모아놓고 보니 더 흥미로워요. 들라크루아, 에민, 토레스 이들이 그린 침대는 편안함이나 행복보다 외로움과 슬픔의 상징일 때가 더 많다는 생각이 듭니다. '나는 외로운 존재다, 그래서 당신이 필요하다'라고 말하는 것 같아요." "이렇게 개인적인 소재나 공간은 내면의 은밀한 감정을 있는 그대로 보여 줄 수 있어 많이 다루는 것 같아요. 현대 미술에서는 더 적나라한 소재를 여과 없이 보여주는 사례가 많아요. 누군가의 정돈되지 않은 자취는 그것을 보는 우리에게 흥미진진한 상상력을 자극하죠." "침실은 가장 내밀한 곳이죠, 침대 속에서 모든 역사가 이루어지지 않나요? 현대 미술에서 침대가 중요한 소재로 묘사되고 있는데, 많은 생각과 상상을 불러일으키네요. 고통, 혼돈, 격렬한 흔적이 곳곳에 묻어나는 것 같습니다. 이 작품을 보니 오늘 밤은 숙면을 취하기가 어려울 듯합니다." "한바탕 울고 나면 슬픈 감정은 좀 누그러지듯 예술로 표현된 슬픔과 외로움은 누가 봐주기만 해도 충분히 해소되는 것 같아요. 그래서 사람들이 그처럼 열심히 자신의 일상 사진을 소셜 미디어에 올리는 것 같기도 해요."

줄줄이 각자의 감상 글이 올라왔습니다. 탁견(뛰어난 의견이나 견해)이라고 생각했습니다. 소셜 미디어로 자신을 과시하는 욕구뿐만 아니라 외롭고 지친 감정을 누군가에게 표현하면서 위로를 받기도 하는 긍정적 효과에 대해 잠시 생각해보았습니다.

이렇게 매일 그림 한 점을 감상하고, 짧게나마 글을 써 봄으로써 우리는 서로의 생각과 감정을 들여다보는 소중한 시간과 기회를 얻습니다. 그림 속의 대상이나 주인공, 그림을 그린 화가에게 감정 이입을 하면서 그림을 보기도 하고, 철저히 내 감정과 내 입장에서 그림을 보기도 합니다. 화가의 눈으로 세상을 보면, 일상의 그저 그런 평범한 대상도 이전과 전혀 다르고 낯설게 보이는 놀라운 효과를 줍니다. 화가의 독창적 오브제를 통해 새로운 의미와 가치를 가지게 되는 것이죠. 덕분에 평소 같으면 그냥 지나치고 말았을 일상의 작은 것도 다시 들여다보게 되고, 감사와 긍정의 마음 또한 배우게 됩니다. 한편으로는 우리의 삶이 혼란과 고통으로 가득해 보이지만 위대한 예술가들 역시 그런 현실을 정면으로 마주하면서 종국에는 아름다운 예술 작품을 남겼다는 사실을 상기하고 슬픔과 고통 속에서도 위안과 희망을 볼 수 있는 힘을 얻게 됩니다.

그림 감상을 통해서 좀 더 성숙한 인간이 되어 간다는 것을 부정할 수는 없습니다. 우리가 인문학을 공부하는 이유도 결국 성숙한 인간이 되기 위함입니다. 혹자는 인문학 공부라고 하면 이성적 공부만 생각합니다. 하지만 저는 이성 이전에 감성이 먼저라고 생각합니다. 그림으로 비유하자면 그림을 보고 느끼는 감성이 우선이지 그림의 화풍이며 시대적 배경 이런 것은 그다음입니다. 가난한 사람의 고통에, 전쟁과 죽음으로 슬퍼하는 사람의 고통에 공감할 수 있어야(우리는 그것을 그림을 통해 느낍니다) 왜 가난할 수밖에 없는지, 왜 전쟁이 일어나고, 왜 누군가는 죽을 수밖에 없는지 이성적으로 탐구하게 됩니다. 그래서 저는 그림 감상이 인문학 공부의 시작점이라고 생각합니다.

그림을 읽고 감상하며 슬픔과 기쁨을 나누고 공감하면서, 함께 하는 삶의 소중함과 서로가 서로에게 얼마나 소중한 존재인지 알아가는 중입니다. 매일 그림 한 점을 만나는 멋진 시간,

함께 하면 좋겠습니다.

## 그림을 잘 모르는 사람에게 추천하는 미술 입문서 10권

1) 불꽃으로 살다 / 케이트 브라이언 지음, 김성환 옮김 / 디자인하우스

2) 방구석 미술관 / 조원재 지음 / 블랙피쉬

3) 그림들 / SUN 도슨트 지음 / 나무의마음

4) 혼자 보는 미술관 / 오시안 워드 지음, 이선주 옮김 / 알에이치 코리아

5) 기묘한 미술관 / 진병관 지음 / 빅피시

6) 널 위한 문화예술 / 편집부 지음 / 웨일북

7) 내가 사랑한 화가들 / 정우철 지음 / 나무의철학

8) 혼자 있기 좋은 방 / 우지현 지음 / 위즈덤하우스

9) 365일 모든 순간의 미술 / 김영숙 지음 / 빅피시

10) 반 고흐, 영혼의 편지 / 반 고흐 지음, 신성림 옮김 / 위즈덤하우스

# 나를 찾는 시간

## 그림일기 쓰는 습관

육은주

육은주: 숭례문학당 독서 토론 리더, 독서 논술 지도사, 문학 심리 지도사로 학교와 도서관에서 영화와 독서 토론, 그림일기 수업을 진행하고 있습니다. 학창 시절 동경하던 순수 미술에 대한 꿈을 애니메이터로 이루며 활동하다 현실의 벽 앞에서 연필을 꺾었습니다. 이제 그림일기는 삶의 치유이자 놀이입니다. 20~30대를 워커홀릭으로 보내면서 건강을 잃고, 현재의 삶이 얼마나 소중한지 알게 되었습니다. 우연히 숭례문학당을 만나 독서 토론으로 몸과 마음을 치유하게 되면서 지금은 영화, 그림, 책과 글쓰기를 놀이처럼 좋아하는 일상으로, 매일 새로운 인생을 살고 있습니다.

저는 온라인으로 〈1일 1그림일기〉 모임을 운영하고 있습니다. 우리 모임은 한 달 동안 매주 월요일부터 금요일까지(주말에는 휴식 또는 보충 그리기) 진행자가 올리는 미션을 따라 그림을 그리거나 자유 그림을 그린 후 한 줄 정도의 단상을 적는 활동을 합니다. 그런 다음 이를 카카오톡 단톡방에 올립니다. 미션 인증 시간은 밤 11시부터 다음 날 밤 11시까지. 매일 그림 그리는 습관을 만들고 싶은 분, 그림을 좋아하지만 쉽게 포기하는 분, 자기 내면을 바라보며 함께 치유하고 싶은 분, 일상의 권태로움을 극복하고 싶은 분, 소소한 일상을 함께 나누고 싶은 분, 그림일기로 나만의 책을 만들고 싶은 분, 무작정 그리고 싶은 분, 그림 초보자 등 누구나 참여할 수 있습니다.

매일 저녁 8시는 그림일기 마감 3시간 전을 알리는 시간입니다. 저는 그림님(단톡방에서 참여자를 부르는 이름)들에게 응원의 메시지를 보내고, 분주한 일상을 마무리하며 작은 드로잉 북을 펼칩니다.

오늘 미션은 '노란색으로 감정이나 생각 그리기'로 정했습니다. 노란색 하면 고흐, 세월호, 그리고 돌아가신 아버지가 생각납니다. 오랜만에 환하게 웃는 아버지의 얼굴. 사진 속 그날의 햇살, 공기, 아버지 얼굴의 주름선과 그림자, 눈빛, 감정까지 조심스럽고 따뜻하게 바라봅니다. 연필을 들어 종이 위에 아빠의 웃음을 사각사각 그립니다. 아빠에 대한 아련한 그리움이 종이 위에서 제 마음속으로 이동하는 순간입니다.

색채 심리학자 하랄드 브램이 쓴 책『색의 힘』에서 '노랑'은 인간관계에서 행복한 발전을 꿈꾸는 사람들의 심리적 욕구를 드러내는 색이라고 했습니다. "노랑을 선호하는 모습은 자기 자신의 실수나 환경을 이유로 고통을 겪은 후 먼 여행을 떠나는 이들에게서 쉽게 찾아볼 수 있다"고 했습니다. 갑자기 이 문장이 생각나는 이유는 뭘까요?

밤 11시 마감이 다가오자 그림일기가 하나씩 올라오기 시작합니다. 2월 졸업식을 앞둔 노란색 프리지어 꽃다발, '봄을 기다리는 마음'을 그린 노란색 꽃이 만발한 화병, 이철수 판화집이나 파울로 코엘료의 그림을 따라 그린 그림일기 등이 카톡방을 가득 채웁니다. 늘 초보임을 강조하며 꾸준히 참여하고 있는 K님은 붓 펜으로 그린 그림과 단상을 올렸습니다. "무엇이든 처음 시작할 때의 열정이 식어버리면 말라버린 붓펜처럼 자기 색이 나오질 않는다. 처음의 열정을 유지하기란 여간 어려운 것이 아니다. 항상 처음 그 순수한 열정을 잊지 말아야겠다." K님의 글과 그림이 가슴에 쿵, 하고 다가옵니다. 붓펜과 열정이란 단어를 어쩌면 이렇게 근사하게 연결할 수 있는지요. 이 글에 저는 "처음의 열정을 유지한다는 건 물건도 사람도 참 어렵죠. 그래서 더 숭고하고 아름다운 게 아닐까요, 멋진 글과 그림입니다"라고 답을 올렸습니다.

어린 시절, 저는 그림 그리기를 좋아했습니다. 종이랑 펜만 있으면 한 살 아래 남동생에게 로봇, 우주선, 자동차, 무엇이든 그려줄 수 있었습니다. 식구 많은 5남매 셋째 아이로 태어나 늘 용돈이 부족했던 저는 종이 인형을 그려서 아이들에게 팔기도 했습니다. 나름 팬덤이 있던 제 작품(?)은 친구들 사이에서 인기가 높았습니다. 그때 유행하던 마론 인형 스타일부터 공주풍의 의상까지 그렸으니 제 작품은 언제나 예약 주문으로 꽉 찼습니다. 덕분에 호주머니는 부모님이 모르는 비상금으로 두둑했습니다. 그렇게 그림은 저의 '꿈'으로 자라나기 시작했습니다.

초등학교 1학년 때부터 학교 과제로 '그림일기'를 썼습니다. 담임 선생님은 제가 그림일기를 낼 때마다 파란색, 빨간색 글씨로 "오늘 은주가 슬펐구나"라고 적어주거나 "참 잘했어요" 도장을 찍어주었습니다. 그럴 때마다 슬픔이 회복되었고 저 자신이 소중하다는 걸 느꼈습니다. 칭찬 덕분에 그림 그리기에 더 힘을 냈고 결과적으로 각종 그림 경시대회에서 많은 상을 받았습니다. 상장으로 방 하나를 다 도배할 정도였으니 '미술'은 단연 제 미래였습니다. 그랬던 제 꿈이 아버지의 사업과 함께 사라졌습니다. 복사기가 집집이 그리고 사무실마다 보급되던 90년대 초, 아빠의 인쇄 사업이 도산하고 말았습니다. 저도 함께 제 꿈을 포기했습니다. 제 미래가 그리고 세상이 까맣게 사라지는 순간이었습니다.

명작이 오랜 여운으로 남는 이유는 열린 결말 때문이라 했던가요? 제 삶에서 풀지 못한 과제처럼 그림에 대한 제 열망은 그 후로도 쉽게 식지 않았습니다. 20대 중반, 회사를 다니며 틈틈이 애니메이션을 배우던 저는 직장을 그만두고 애니메이션 동화 작가가 되기로 작정했습니다. 하지만 그림을 그리는 것은 꿈을 이루는 일인 동시에 고통이 시작되는 일이기도 했습니다. 생계조차 힘든 애니메이터의 현실을 마주하고서 얼마 못 가 펜을 꺾었습니다. 그렇게 그림은 다시 한 번 제게서 멀어졌습니다. 대신 일에 몰두했습니다. 워커홀릭처럼 일했습니다. 결혼 후에도 그랬습니다. 그러다 갑작스럽게 류머티즘이 찾아왔습니다. 머리, 어깨, 무릎, 발 등 안 아픈 곳이 없었습니다. 그리고 손목과 손가락까지도 통증이 전해졌습니다. 아침을 맞이하는 게 힘들 정도였습니다. 얼마나 심했느냐 하면 락앤락 뚜껑, 약봉지조차 열지 못할 정도로 온몸이 아팠습니다. 누워도, 앉아도 떠나지 않는 통증. 통증을 잊기 위해 책을 읽었습니다.

도서관을 다니며 혼자 독서하던 어느 날, 우연히 책 읽는 친구들을 만났습니다. 도서관에서 진행하는 '독서 토론 리더 양성 과정' 프로그램에 참여해 논제를 만들고 토론하는 모임을 하게 되었습니다. 토론 재미에 빠져들자 신기하게도 조금씩 통증이 사라지기 시작했습니다. 정말 희한했습니다. 그렇게나 떨어지지 않던 통증이 조금씩 차도를 보인다는 것이, 지금 생각해도 기적 같다는 생각밖에 들지 않습니다.

프로그램이 끝나고 함께 책을 읽던 친구들과 독서 동아리 모임을 꾸렸습니다. 한 달에 두 번 모임을 가졌습니다. 토론이 없는 주에는 서평 쓰기 모임을 가졌습니다. '밤샘 토론'도 하고 가까운 숲으로 함께 토론 여행도 떠났습니다. 친구들은 책으로 생각을 나누고 새롭게 삶을 바라보는 도반이 되었습니다. 그렇게 일상이 바뀌자 몸도 마음도 점점 더 빨리 회복되기 시작했습니다. 그리고 그림일기를 다시 쓰기 시작했습니다.

『일기, 나를 찾아가는 첫걸음』을 쓴 스테파니 도우릭은 열다섯 살에 크론병 진단을 받았지만 '일기 쓰기'로 그 고통을 이겨냈다고 했습니다. 그는 일기 쓰기는 자신을 객관적으로 확인하고 찾는 구체적인 과정이라고 했습니다. 저는 글 대신 그림으로 일기 쓰기를 해보기로 말했습니다. 그렇게 '나'라는 존재를 한 걸음 떨어져 바라보았습니다. 거리를 두니 보이지 않던 내가 보이고, 마음의 여유가 생기기 시작했습니다. 넉넉해진 공간 속으로 사람들의 삶이 들어왔습니다.

도서관에서 토론 모임을 주도하던 강사님 덕분에 숭례문학당과 인연을 맺고 이제는 제가 누군가의 독서를 리드하는 위치에 서게 되었습니다. 처음 시작한 모임은 〈1일 1그림일기〉였습니다. '나만의 그림일기'가 '우리들의 그림일기'로 다시 태어난 것입니다.

2018년 8월 16일, 총 13명으로 〈1일 1그림일기〉 온라인 1기 모임을 시작했습니다. 소소한 일상 비틀어보기, 자연의 아름다움 관찰하기, 내 감정 바라보기, 여행 풍경, 명화와 그림책 등의 주제로 '함께 그리는' 그림일기는 이 글을 쓰는 지금까지 44기째 이어져 오고 있습니다. 참여하고 있는 분들도 다양합니다. 우리나라는 물론이고, 헝가리, 독일, 미국 등 지구촌 곳곳에서 매월 새로운 기수의 그림님들이 참여합니다. 그동안 크고 작은 이벤트도 꽤 있었습니다. 학당 혹은 카페에서 한 달에 한 번 '작은 전시회'라는 이름으로 각자 그린 그림일기 다이어리를 전시하고 서로를 격려하는 오프라인 모임을 하기도 했습니다.

특별히 기억나는 분 중에 G님이 있습니다. G님은 모임에서 그렸던 자신의 그림일기를 묶어 책으로 출간하고, 작은 책방과 연계해 '전시회'도 연 분입니다. 그리고 33년간 운영한 회사를 접고는 본격적으로 예술가의 삶을 살기로 하셨습니다. G님은 여러 번 글쓰기 과정에 도전했지만 매번 중도에서 포기했다고 말하면서 "그런데요, 그림을 그린 후에는 글이 더 잘 써집니다. 무엇 때문에 그런 걸까요?"라며 궁금증을 올리기도 했습니다. 저는 이것이 그림일기의 놀라운 비밀 아닐까 생각합니다. G님은 최근 첫 번째 책에 이어 두 번째 책을 준비하고 있다고 소식을 전해왔습니다.

'독박육아'로 힘겨워하던 J님도 생각납니다. J님은 매일 밤 10시 반, 아이들을 재우고 나서야 그림일기를 올렸습니다. 처음에는 삐뚤빼뚤 했던 선들이 점차 정교해지는 모습이 보였습니다. 육아의 힘겨움이 가득했던 J님은 '집 안' 아이들 모습만 그렸습니다. 그러다 어쩌다 한 번씩 올라오는 자화상에는 그늘이 가득했습니다. 하지만 그림일기가 14개월째 접어들면서 '집 밖 세상'을 그리기 시작했는데 마을 풍경, 전봇대, 파란 하늘을 따듯하고 섬세하게 그렸습니다. 놀라운 변화였습니다. 그림의 변화처럼 J님 삶도 아름다운 변화가 시작되었을 거라 생각합니다.

L님은 아버지를 여읜 지 얼마 안 된 슬픔 가운데 모임에 참여한 분이었습니다. L님은 아버지와 함께 했던 추억을 담아 풍경 수채화를 그렸습니다. 매일 같은 느낌의 그림이 단톡방으로 올라왔습니다. 수채화 물감 속에 넘치듯 슬픔이 배어 있었습니다. 때로는 그림 실력이 늘지 않아 절망하기도 했습니다. L님은 그래도 계속 그렸습니다. 매일 아침, 한 밤, 시도 때도 없이, 하루에도 여러 번 그림을 그리고 단톡방으로 그림을 인증했습니다. 그렇게 12개월이 지나자 L님만의 색깔이 돋보이는 수채화 그림들이 나타났습니다. L님은 지인이 운영하는 카페 전시회에 초청을 받기도 했습니다. 그리고 인사동에서 신인 미술

작가들과 함께 하는 전시회에도 나갔습니다. L님의 그림일기 습관이 마침내 작가의 길을 걸을 수 있게 해주었습니다. L님은 그렇게 새로운 삶을 시작했습니다.

인문학이 무엇인지 정의하는 것은 저에게는 어려운 일입니다. 저는 그냥 좀 더 나은 사람이 되기 위한 '성찰'이라고 생각합니다. 성찰하는 방법에는 여러 가지가 있을테지만, 그림을 그리고 짧은 글을 남기는 것이 저에게는 매일 반복하는 성찰입니다. 그림을 그리고 일기를 쓰는 시간은 오롯이 나를 만나는 과정이며 저에게는 인문학 공부입니다. 마지막으로 S님이 올린 글로 마무리를 대신하고자 합니다.


제목: 나를 돌아보는 시간, 그림일기
볼 수 있고 들을 수 있는 시간
집중할 수 있는 시간
떨어져 있어도 믿고 기다릴 수 있는 시간
바빠도 가족과 함께 웃을 수 있는 시간
슬픔과 아픔 안에 갇혀 있지 않은 시간
미움을 내려놓는 시간
내 자신을 먼저 볼 수 있는 시간
아파도 참을 수 있는 시간
용서할 수 있는 시간

문제가 기회가 될 수 있는 시간

포기하지 않고 기다릴 수 있는 시간

내려놓을 수 있는 마음이 있는 시간

이 시간이 모두 감사의 시간

"나에게 그림일기는 마음을 밝히는 명상이다."

.

## 그림 초보가 그림 그리기를 배울 수 있는 책 10권

1) 창작 면허 프로젝트 / 대니 그레고리 지음, 김영수 옮김 / 세미콜론

2) 변화를 위한 그림일기 / 정은혜 지음 / 샨티

3) 자연을 그리다 / 황경택 지음 / 황소걸음

4) 어반스케치 수업 / 김도이 지음 / 라온북

5) 당신을 그리는 시간 / 박송이림 지음 / 위즈덤하우스

6) 지금 시작하는 자화상 / 오은정 지음 / 안그라픽스

7) 하루 한 장 아이패드 드로잉 / 보담 지음 / 비타북스

8) 스케치 쉽게 하기 마스터 컬렉션 / 김충원 지음 / 진선아트북

9) 만화 그리는 법 당신도 만화가가 될 수 있다 / 소복이 지음 / 유유

10) 오늘은 오일파스텔 / 김지은 지음 / 도서출판큰그림

# 공부의 규칙성을 몸으로 익히다

걷고 달리는 습관

조혜원

조혜원: 학창 시절부터 운동을 싫어해 3보 이상은 차를 탔습니다. 과체중으로 원 푸드 다이어트에 보조제도 먹었지만 결과는 늘 '요요'. 둘째 출산 후 늘어난 몸무게 때문에 셋째 임신 중이냐는 소리까지 들었습니다. 3년 전 학당 지인과 모임을 만들어 공복유산소 걷기와 달리기를 시작했습니다. 하루 만 보만 걷자고 하던 것이 달리기로 바뀌고 매일 운동하는 사람이 됐습니다. 이젠 웨이트 근력 운동에 필라테스까지, 하루 운동량을 못 채우면 조급해할 정돕니다. 7kg 감량은 덤으로 얻은 훈장. 탄탄한 다리 근육을 사랑합니다. 광배와 복근 강화 훈련 중이고, 운동 우선주의자가 됐습니다.

어디에서 시작되었을까요? 아마도 그건 주변이 아직 컴컴한 새벽녘 운동화 끈을 묶으며 집을 나선 이른 아침이었던 것 같습니다. 제 안에 있던 '걷는 인간'이 깨어나던 날이었습니다. 걷는 것이야 매일같이 하는 일이지만 그 일이 '나를 알아가는 자각'으로 새롭게 의미 부여한 그날로 잠깐 돌아가 봅니다.

아직 어둠이 물러가지 않은 새벽녘 집 근처 인근 산에는 벌써 많은 사람들이 저마다의 길을 걷고 있었습니다. 홀로 걷는 사람 혹은 두셋이 담소를 나누며 걷는 사람 등. 그들의 생기 어린 얼굴과 가벼운 몸짓은 너도 함께 걸어보자고 부르는 초대장 같았습니다. 가볍게 팔을 돌리며, 다리에 힘을 주고, 한 발 한 발 내딛는 걷기. 땅을 딛는 발끝의 감각이 엉덩이와 척추를 지나 머리로 올라왔습니다. 여기에 신선한 아침 공기까지. 내 안의 무엇이 꿈틀하는 것이 느껴졌습니다.

둘레길을 한 바퀴 도는 데 걸린 시간은 아마 10분쯤? 얼마 안되는 시간이지만 오랫동안 걷기를 해온 사람처럼 편안함이 느껴졌습니다. 아직 잠들어 있을 아이들을 두고 나온 것도, 부산한 아침의 집안일을 두고 나온 것도 처음 있는 생경한 경험이었습니다. 그날 아침 저는 저와 연결된 모든 관계와 역할과 임무에서 벗어나 한껏 자유로움을 느끼는 심장 소리를 들었습니다. 그러면서 그동안 잊고 있었던 나, 내 속에 감춰진 근력을 다시 불렀습니다. 그리고 'OO 엄마' 대신 '조혜원'이라는 제 이름을 소환했습니다. 이때의 흥분과 짜릿함은 매일 아침 나를 이끌었고 10분, 20분, 40분에 뒤이어 1킬로, 3킬로, 5킬로 이어져 10킬로미터를 뛰는 사람으로 만들었습니다.

그날 이후 저는 5년 동안 걷는 사람, 그중 2년 동안은 2천 킬로미터 이상을 달리는 사람이 되었습니다. 제 다리는 튼튼해졌고, 체지방은 10%대를 유지하고 있습니다. 체중 또한 출산 후 63kg(비만도 118%)을 찍었던 것에서 8킬로그램을 감량한 몸무게를 유지하고 있습니다. 걷기와 달리기는 생활의 일부가 되어 시댁 행사이건 여행지이건 언제 어디서든 일정량을 걷고 달리고 있습니다. 하루 걷기 목표는 2만 보인데 못 채울 때도 있지만 걷는 사람과 달리는 사람으로서 나를 잊지 않는 것, 죽는 날까지 걷고 달리는 사람으로 사는 게 저의 첫 번째 버킷리스트입니다.

걷기와 달리기를 오랫동안 습관으로 하는 이유에 대해 생각해봤습니다. 가장 먼저, 꾸준히 움직이니 신체 능력이 올라갑니다. 몸은 피곤해도 활력이 생깁니다. 여기에 잠시 소파에 기대 쪽잠이라도 자고 나면 머리가 맑아져서 집중력도 좋아집니다. 독서 토론 진행자로 활동하려면 장시간 긴장감을 유지해야 하는데 그 시간을 견디기도 쉬워졌습니다. 말 그대로 체력 증진이 된 것입니다. 이 밖에도 야외 활동은 저에게 자연의 변화를 매일 새롭게 느끼게 해주었습니다. 날씨와 계절의 변화, 그에 따라 모습을 바꾸는 풀과 나무 그리고 길고양이들의 안부와 운동하는 사람들의 옷매무새까지. 날마다 새로움의 연속입니다. 코로나로 집에 머무는 시간이 많았지만 걷기와 달리기는 일상의 활기를 잃지 않도록 도와주었습니다.

심장과 혈관 같은 내 몸 안의 장기들을 확인할 때는 생생하게 '살아 있음'을 느낍니다. 빠른 걸음으로 일정 시간 이상 걸으면 심장이 쿵쿵 펌핑하는 소리를 들을 수 있습니다. 어느 날인가는 심박동 소리가 너무 크게 느껴져 다른 사람에게까지 들리지 않을까, 주위를 둘러보기도 했습니다. 심장의 박동 소리는 가장 원초적인 존재감으로 나를 일깨워 줍니다. 어떤 상황에서도 열심히 뛰고 있음을 증명하기도 합니다. 마치 네가 무슨 생각을 하든 우울하든 말든 나는 쉬지 않고 달리고 있어, 라고 말해주는 것 같기도 합니다. 혈관이 확장되고 피가 순환하며 내뿜는 발열감, 콧잔등에서 시작해 온몸으로 쏟아지는 땀, 제가 살아 있는 존재임을 느끼는 순간입니다. 이때의 희열과 뿌듯함은 저의 존재감을 더욱 확장시키는 것 같습니다.

걷기와 달리기를 하다 보면, 엉킨 실타래처럼 복잡한 머릿속이 정리되고 새로운 아이디어가 불쑥 튀어 오르는 경험도 합니다. 그래서 글이 안 써지거나 몸이 찌뿌둥할 때면, 어김없이 운동화를 신고 밖으로 나갑니다. 한 걸음씩 힘차게 발을 내딛으면서 제 안에 쌓인 고민이 땀과 함께 몸 밖으로 배출되는 것을 느낍니다. 시원한 공기가 폐에 들어오면 머릿속에 새로운 아이디어와 이미지가 채워집니다. 그렇게 몸을 움직이고 나면, 일에도 능률이 오릅니다. 내 안의 모든 에너지가 몸의 회복에 집중하게 되면서 복잡했던 머릿속으로 틈이 생깁니다. 그러면 해결점이 안 보이던 문제가 단칼에 잘리듯 돌파구를 찾기도 하고 어떤 전환점을 발견하기도 합니다.

걷기와 달리기로 자신감이 회복되기도 했습니다. 규칙적인 운동을 하는 사람들에게는 공통점이 있는데 그것은 '강인함'입니다. 자신의 신체와 정신에 관심을 기울이고 스스로를 단련하는 사람들은 자기 자신을 신뢰합니다. 그리고 조금씩 거리와 속도를 높여가며 해내는 걷기와 달리기는 전에 없는 성취감을 줍니다. 뒤이어 따라오는 몸의 밸런스도 좋아집니다. 군살이 빠지고 근육이 붙고 자신감이 붙습니다. 몸에 대한 자신감은 일반적인 자신감과는 좀 다릅니다. 가장 밑바닥에 있는 기초에 해당하기 때문입니다. 마음이 아픈 사람에게 운동을 권하는 이유도 같은 이유입니다. 마음이 튼튼해야 건강하고 새로운 일에도 도전할 수 있습니다.

마지막으로, 걷기와 달리기는 일과 일상을 효율적으로 만들어 줍니다. 운동도 하면서 식구들 아침을 챙기려면 전날 일찍 수면을 청하고 다음 날 아침 식단에 대해 미리 계획해야 합니다. 즉, 시간을 허투루 쓰지 말아야 합니다. 그날 읽을 책의 분량과 써야 할 원고에 대해서도 미리 시간을 배분해두고 효율적으로 움직여야 합니다. 시간의 밀도를 높여야 여러 마리 토끼를 동시에 쫓으며 운동도 할 수 있습니다.

이정도면 걷기와 달리기가 단순히 건강을 좋게 한다는 이상의 의미가 있음을 알게 되셨을 것 같습니다. 이제 본격적으로 습관으로 만드는 방법과 제가 했던 경험에 대해 이야기해 보겠습니다.

가장 먼저 할 일은 '바로 시작하기'입니다. 집에 있는 운동화와 가벼운 트레이닝복을 입고 무작정 밖으로 나갑니다. 달리기와 걷기는 장비와 트레이닝 없이 시작할 수 있는 가장 손쉬운 운동입니다. 그런데도 사람들이 어려워하는 이유는 바로 '현관 문턱 넘기'가 제일 어렵기 때문입니다. '내일부터 시작하자. 오늘은 너무 피곤해' 또는 '오늘은 바쁘니까 체력을 아껴야 해' 하며 이불 속에 있어야 할 이유를 자꾸 만듭니다. 사실 운동을 못할 핑계는 수백 가지도 댈 수 있습니다. 하지만 '무조건' '당장' 문을 열고 나서야 합니다.

그 다음으로는 걷기와 달리기에 필요한 도구를 눈에 띄는 곳에 두는 방법입니다. 운동화는 자기 전에 미리 신발장에서 꺼내 둡니다. 꼭 전문 러닝화 일 필요는 없습니다. 그리고 운동복, 손수건, 블루투스 이어폰, 휴대폰 등도 잠자리 바로 옆에 보기 좋게 대기시켜 놓습니다. 마치 의식을 치르듯 해도 좋습니다

(이런 걸 리추얼이라고 하죠). 이 과정은 다음 날 아침 눈을 뜨자마자 바로 달리러 나가겠다는 암시입니다. 도구들을 챙기고 그것에 시선이 갈 때 우리 뇌는 자연스레 운동할 준비 자세를 취하게 됩니다. 보는 것만으로도 의지를 다시 활활 지피는 불씨 역할을 합니다.

그리고 운동 의지를 주변에 알립니다. 가족이나 친지, SNS 친구들에게 걷기와 달리기를 시작한다고 얘기합니다. 일단 뱉은 말이기 때문에 스스로 지키려는 의지가 생길 수밖에 없습니다. 그리고 누군가 댓글로 응원이라도 남겨 준다면, 더더욱 내 말에 책임을 져야 한다는 생각을 하게 됩니다. 내 마음과 결심이 입 밖으로 튀어나올 때 그것은 하나의 선포가 되고 내가 지켜야 할 약속이 됩니다.

다음으로 같이 운동할 친구를 찾아보는 것도 좋습니다. 사람은 사회적 동물이라 함께 하는 것에 기쁨을 느끼고 흥미를 갖게 됩니다. 가까운 친구에게 다이어트를 이유로 또는 건강을 이유로 '함께 운동하기'를 권유해 봅니다. 처음에는 가볍게 생수 한 병을 들고 나가는 산책도 좋습니다. 누군가를 기다리는 설렘, 누군가 나를 기다리고 있다는 약속의 무게감은 오늘 내가 운동을 해야 하는 이유가 되어줍니다. 다만 이것에 너무 오래 의지하지는 말아야 합니다. 그 사람이 없으면 운동을 멈추는 이유가 되기도 하기 때문입니다. 결국은 나에게 집중하는 시간으로 만들어야 합니다.

운동량을 기록하는 것도 달리기 습관을 만드는 좋은 방법입니다. 휴대폰의 러닝 앱이나 건강 앱은 걸음 수, 속도, 거리를 기록해 줍니다. 휴대폰이 번거로우면 간단한 웨어러블 기기도 좋고 작은 수첩도 괜찮습니다. O월 O일 동네 1바퀴. 이런 식의 기록은 나의 현재를 알게 하고 향후 계획을 세우는데 유용합니다. 속도는 두 배 거리는 얼마, 하는 식으로 조금씩 목표를 높이고 더 노력하게 됩니다. 물론 이것이 오버가 되어 자신의 페이스를 잃는 것은 좋지 않습니다. 우리는 경쟁에 익숙한 문화에 살다 보니, 금세 자신의 목표량을 높이고 그걸 해내기 위해 안간힘을 씁니다. 그러면 걷기와 달리기가 즐기는 일이 아니라 숙제처럼 느껴지게 됩니다. 약간의 압박감은 의지를 불태우는 데 좋지만 과도한 압박감은 결국 포기로 이어집니다. 다만, 걷기에서 달리기로 넘어가는 지점에서는 욕심을 내보길 말씀드리고 싶습니다. 제 경험상, 5킬로미터 이상 쉬지 않고 걸을 수 있다면 달리기에 도전해봐도 좋습니다.

마지막으로, 오늘 운동을 못했다면 자책하거나 포기하지 말고 내일 다시 시작하는 겁니다. 어쩔 수 없는 사정으로 못했을 수도 있습니다. 우리는 지금 무슨 기록을 세우거나 마라톤 완주를 위해 운동을 하는 것은 아닙니다. 그러니 자신을 내몰아가면서 달리기를 할 필요까지는 없습니다(더욱이 이제 막 습관을 만들기 시작한 사람이라면). 오늘 하루 못했다면 휴식으로 받아들이고, 내일 다시 시작하면 됩니다. 다만 이것이 매일 미루는 핑계가 되어서는 안 됩니다.

"엄마, 미쳤어요?" "엄마가? 10킬로미터를 달렸다고요?" 처음으로 10킬로미터를 뛰고 온 날 아침, 아들이 제게 한 말입니다. 절대로 길에서 뛰는 법이 없던 엄마를 익히 아는 아들은 어느 날부터 제가 달리기를 한다니까 믿지를 않았습니다. 그랬던 제가 이제는 몸 세포 하나하나가 달리기에 희열을 느끼고, 아침만 되면 다시금 밖으로 나가는 사람이 되었습니다.

걷기와 달리기는 몸을 규칙적으로 움직이는 활동입니다. 몸이 규칙성을 알아가는 것은 공부하는 과정과도 동일 합니다. 저는 달리기를 시작하고 나서 학당에서의 공부가 훨씬 수월해졌습니다. 공부의 규칙성을 몸으로 체득했기 때문입니다. 그런 점에서 보면 달리기와 공부 나아가 인문학 공부가 결코 다른 것이 아닙니다. 모두가 기본에 충실한 상태를 반복하는 것입니다.

학당에서 강의하다 보면 새로운 사람을 만날 기회가 자주 있습니다. 매일 달리기를 하고서부터는 저를 설명하는 제1 수식어는 '운동하는 사람'입니다. 이제는 걷기와 달리기가 생활의 일부가 됐습니다. 저도 했으니 이 글을 읽는 여러분도 할 수 있습니다.

이상이 '달리기를 말할 때 내가 하고 싶은 이야기'입니다. 마무리는 고흐의 글로 대체하겠습니다. 산책이나 걷기나 달리기나 다르지 않다고 생각합니다.

"산책을 자주 하고 자연을 사랑했으면 좋겠다. 그것이 예술을 진정으로 이해하는 일이다."(1874년, 고흐가 동생 테오에게 보낸 편지 중에서)


## 걷기와 달리기를 예찬하는 책 10권

1) 달리기를 말할 때 내가 하고 싶은 이야기 / 무라카미 하루키 지음, 임홍빈 옮김 / 문학사상

2) 아무튼, 달리기 / 김상민 지음 / 위고

3) 마녀 체력 / 이영미 지음 / 남해의 봄날

4) 운동화 신은 뇌 / 존레이터 지음, 이상헌 옮김 / 녹색지팡이

5) 달리기 예찬 / 김상태 지음 / 부크크

6) 걷는사람, 하정우 / 하정우 지음 / 문학동네

7) 어느날, 아침이 달리자고 말했다 / 박채은 지음 / 파지트

8) 걷기의 인문학 / 리베카 솔닛 지음, 김정아 옮김 / 반비

9) 산책자 / 로베르트 발저 지음, 배수아 옮김 / 한겨레

10) 삶이 버거운 당신에게 달리기를 권합니다 / 마쓰우라 야타로 지음, 김지연 옮김 / 가나출판사

# 건강한 정신의 기초

## 식단을 기록하는 습관

권미경

권미경: 세 아이의 육아로 지쳐가고 있을 때 운명적으로 숭례문학당을 만나 함께 읽고 이야기하는 즐거움을 맛보며 행복한 시간을 보냈습니다. 그 무렵 큰아이의 체중 조절을 위해 세 아이들과 1년간 줄넘기를 실천했습니다. 그러나 매일 운동하기의 어려움을 절감했습니다. 학당에서 책 읽기와 식단 기록을 병행할 모임을 만들면 혼자서 하는 것보다 힘이 날 것 같아 〈식습관〉 모임을 만들었습니다. 꾸준히 하기 위해 건강에 관한 책을 읽으며 자신을 각성시키고 있습니다.

6시 알람이 울리면 무빙워크를 타고 움직이듯 부엌으로 가 300ml 머그잔으로 물 두 잔을 마십니다. 겨울에는 따뜻한 현미차나 결명자차일 수도 있지만 그 외 계절에는 그냥 맹물입니다. 물맛은 좋을 리가 없습니다. 시원한 냉장고 물을 마시면 좋겠지만 그냥 상온의 물을 마셔야 합니다.

3년 전 간헐적 단식을 시작한 후로 아침은 물 두 잔과 아메리카노로 대신합니다. 아이 셋을 낳고 키우는 동안 몸무게는 10킬로그램이나 늘었고, 몸무게가 느는 만큼 줄어든 자존감을 회복하기 위해 간헐적 단식을 시작했습니다. 3년간 지속하면서 주변에서 가장 많이 들었던 소리는 '독하다'는 말이었습니다. 사실 저는 운동보다 단식이 더 쉬웠습니다.

운동 얘기를 해보겠습니다. 국을 끓이거나 계란찜을 하는 등 가스 불 앞을 떠날 수 없을 때 스쿼드를 합니다. 하루 100개라는 스쿼드 약속을 지키려면 틈틈이 하지 않으면 안 됩니다. 그렇지 않으면, 저녁 무렵 숙제를 하지 못한 학생처럼 마음이 무거워집니다. 여기에 자기 전에 하는 줄넘기 30분도 있습니다. 매일 이렇게 스쿼트 100개와 줄넘기 30분은 늘 하기 싫은 숙제처럼 아직도 습관으로 만들기 어려운 일입니다.

저녁 운동을 마치고는 하루의 기억을 복기하면서 무엇을 먹었는지 식단을 기록합니다. 처음 칼로리 앱으로 식단 기록을 시작했을 때는 무의식중에 먹는 것이 많아서 놀랐습니다. 물만

먹어도 살찌는 체질이라고 생각하고 있었는데, 진실은 먹어서 살이 찐 것이었습니다. 먹은 음식을 기록하고 살펴보다 보면 무엇을 먹으면 안 되는지, 무엇이 부족한지를 알게 됩니다. 그러면서 자연스럽게 건강한 음식 섭취를 고민하게 됩니다. 식단을 기록한다고 해서 당장 살이 빠진다거나 갑자기 건강이 회복된다거나 하지는 않지만, 식단 기록은 건강한 식습관을 찾는데 가장 중요한 역할을 합니다.

식단을 기록하게 된 것은 아이가 학교에서 경도 비만이라는 체력 검사표를 들고 집으로 돌아온 날이었습니다. 더 이상 관리를 소홀히 해서는 안 되겠다는 경각심이 일었습니다. 식단을 기록하고서부터 건강한 음식은 어떤 음식이고, 어떻게 먹는 것이 올바른 방법인지에 대해 공부하게 되었습니다. 과일 주스나 짠 음식을 먹으며 알게 모르게 섭취했던 탄수화물을 줄이고, 초가공 식품들을 식탁에서 없애기 시작했습니다. 하지만 가공식품 맛에 길들어 있던 입맛을 밍숭밍숭한 자연의 입맛으로 돌리는 것은 쉽지 않았습니다. 속세의 산해진미를 뒤로하고 산사의 음식을 먹는 것과 같다고 할까요?

섭생(攝生, 병에 걸리지 않도록 건강 유지를 잘해 오래 사는 방법)에 관한 책도 읽기 시작했습니다. 음식 너머의 세상이 어떤 모습이어야 하는지도 생각하게 되었습니다. 자연스럽게 음식물 쓰레기 문제, 과대 포장으로 인한 플라스틱 사용 문제 같은 환경 문제에도 관심을 갖게 되고 동물 복지에 대해서도 고민하게 되었습니다. 이는 돌고 돌아 인간을 위하는 일이 어떤 것인지 생각하는 것으로도 연결되었습니다. 이런 문제의식이 식단 기록이라는 소소한 일에서부터 시작되었습니다.

단짠 음식을 지양하고 가공 음식을 멀리하는 것보다도 더 힘든 것은 운동이었습니다. 건강한 몸을 위해서는 운동이 중요하다는 것을 머리로는 이해하지만 정작 몸으로 실천하는 것은 어려운 일이었습니다. 매일 30분 줄넘기를 아이들과 함께하면서 진정한 교육은 무한한 인내에서 온다는 사실을 깨달았습니다. 하기 싫어하는 아이들을 어르고 달래면서 30분 3천 개 도전에도 성공했습니다. 하지만 큰아이는 사춘기에 들어설 즈음 줄넘기를 그만두었습니다. 핸드폰을 잠시 내려놓게 하고 운동을 즐기고 좋아하는 아이로 만드는 것은 쉬운 일이 아니었습니다.

좋은 음식으로 식탁을 차리는 것, 운동을 잊지 않고 하는 것은 매일 해도 습관으로 만들기가 어려웠습니다. 직장생활을 하면서 세 아이를 키우다 보니 시간에 쫓길 수밖에 없고, 좋은 음식을 먹여야 한다는 마음은 있지만 아이들이 잘 먹지 않고 좀 더 편리한 가공품이 있다는 이유로, 유혹은 끊임없이 찾아왔습니다. '11가지 영양소가 가득한'이라고 표현된 시리얼 광고 문구를 볼 때마다 한 번 사볼까 하는 마음이 요동쳤습니다. 영양소만 잘 섭취한다면 무슨 음식이든, 어떻게 먹든 무엇이 문제인가? 하는 조금은 극단적인 생각이 들기도 했습니다.

하지만 진짜 간과하는 게 있었습니다. 그것은 음식에 포함된 영양소만은 아니었습니다. 온 가족이 함께 먹는 아침과 아이들이 모두 학교에 간 뒤 혼자 먹는 점심을 한번 생각해보면 됩니다. 온 가족이 함께 하는 식탁과 혼자서 하는 식탁은 눈으로 보는 상차림에도 차이가 있지만, 무엇보다 대화가 빠져 있습니다. 유튜브나 TV를 보며 혼자 먹는 밥은 편합니다. 하지만 대화가 없으니 빠른 속도로 먹게 되고 과식을 하게 됩니다. 대화하며 식사 시간을 여유 있게 보내면 포만감이 느껴지니 덜 먹게 되고 뱃살이 늘어나는 참사를 막을 수 있습니다. 천천히 먹는다는 게 참 어렵습니다. 그런데 여러 사람과 이야기를 나누며 식사를 하게 되면 의식하지 않아도 천천히 먹게 됩니다. 세계적인 건강식으로 알려진 지중해식 식단에 주목하는 이유는 영양소의 구성 성분보다도 길고 느긋하게 먹는 식사 방식에 있다고 합니다. 그렇게 먹어야 건강하고 비만이 아닌 상태를 유지하는 데 도움이 됩니다.

우리 집 식탁에는 몇 가지 음식 강령이 있습니다. 첫 번째는 채소, 고기, 밥 순으로 먹는다. 두 번째는 식후에는 과자와 떡 같은 것을 먹지 않는다. 세 번째는 천천히 먹는다 입니다. 이 세 가지 중에 가장 지키기 어려운 것이 세 번째 '천천히 먹기'입니다. 무엇이든 '빨리빨리'를 강조하는 문화 탓인지 급한 성격

탓인지 알 수 없지만, 식사 시간 5분 늘리기가 참 어렵습니다. 아이들은 싫어하는 음식으로 식단을 짜면 저절로 천천히 먹게 됩니다. 하지만 아이들 입장에서는 무슨 벌칙 같은 것으로 생각합니다.

강령을 잘 지키고자 식단을 기록하기 시작했습니다. 하지만 매일 일기 쓰기가 어려운 것처럼 식단 쓰기도 자꾸 깜박하거나 소홀해질 때가 있습니다. 스스로 세운 규칙이나 원칙 등이 무너지는 경험을 하게 된다면, 이딴것 기록해서 뭐하나 싶은 생각이 들기도 합니다. 그럴 때마다 다시 한번 마음을 다잡아야 하지만 쉽지 않습니다. 그래서 좋은 습관을 만들려면 혼자서 하는 것보다 함께 하는 힘을 믿고 같이하는 동지를 구하는 것이 중요합니다.

제가 운영하고 있는 〈식습관〉 모임은 바로 이런 어려움을 함께 극복하고자 만든 모임입니다. 책과 사람과 밥으로 연결된 모임입니다. 운영자인 저는 매일 아침 카톡으로 회원들에게 인사를 하고 하루 동안 지켜야 할 미션을 제시합니다. 가령 채소를 얼마나 섭취할지, 두부를 어떻게 조리해 먹을지, 간식으로 무엇을 먹을지, 달리기는 몇 분이나 할지, 근육 운동은 무엇을 할지 등을 미션으로 올립니다. 그러면 각자가 가이드대로 열심히 실천에 옮기게 됩니다. 그리고 저녁 무렵에는 미션 수행 여부와 그날 읽은 책 발췌와 단상을 공유합니다.

음식 기록과 운동 기록만 하지 않고, 책을 포함시키는 이유는 흐트러지기 쉬운 마음을 다잡기 위해서입니다. 아무리 굳은 의지로 결심을 해도 지키기가 어려운 것이 음식 조절과 운동입니다. 누구나 공감하는 바입니다. 책을 통해 한 번 더 인식하고 각성하는 과정이 결심을 지속할 수 있게 도와주는 원동력이 됩니다. 마키타 젠지가 쓴『식사가 잘못됐습니다』를 읽으면서는 하루에 섭취하는 탄수화물 양을 점검하고, 비 윌슨이 쓴『식사에 대한 생각』을 읽고서는 현대인들의 식탁에 대해 생각해 봅니다.

모임 참여자들의 고민은 다양합니다. 달콤한 라떼를 끊기 어려워하던 한 참여자는 모임 참여 중에 과도한 우유 섭취가 제1형 당뇨병 원인이 된다는 연구 결과를 접하고 흐트러지던 마음을 다잡게 되었습니다. 식후 커피믹스를 즐기던 한 참여자는 액상 과당의 폐해를 알고부터는 더는 마실 수 없었다고 고백했습니다. 육십 평생 바쁘게 일하며 자녀를 키우느라 식사 시간마저 줄이고 뭐든 급하게 먹어서 소화 기관이 고장 난 후에야 비로소 건강한 식습관에 대해 관심을 갖게 되었다는 분도 계셨습니다. 한승태 작가의『고기로 태어나서』를 읽으며 채식주의자로 거듭났다고 하는 분은 아직 우리 모임에 없지만, 전 세계 곡물 생산량의 3분의 1 이상을 먹어 치우는 가축과 그 가축들이 내뿜는 메탄가스가 자동차 배기가스보다 지구 오존층을 더 많이 파괴하고 있다는 사실을 알게 되면 온전한 기쁨으로 고기 잔치를 벌일 수 없게 됩니다.

미디어에 휘둘리지 않고 내가 먹을 음식을 스스로 선택할 수 있는 힘은 우리가 먹고 있는 것이 무엇인지 아는 것에서부터 출발합니다. 요즘 인기 높은 반조리 식품만 봐서는 원재료가 무엇인지 알기 어렵습니다. 깨끗하게 정리된 정육 코너를 보면 가축 농장에서 처참하게 사육되는 돼지나 소에 대해 생각하기 어렵습니다. 고소한 치킨 프라이와 너겟을 보고 케이지의 좁은 공간에 갇혀 있는 닭을 생각하는 이는 드뭅니다. 사실 매번 그렇게 생각할 수도 없습니다. 하지만 그것을 아는 것과 모르는 것, 알고나서 바꿀 수 있는 방법을 고민하는 것에는 엄연한 차이가 존재합니다. 식단을 기록하는 작은 습관은 바로 이 같은 생각 변화의 출발점입니다. 우리의 장바구니 목록을 바꾸고 축산 방식을 바꾸는 시발점이라 할 수 있습니다.

건강한 정신을 유지하는 것은 좋은 음식을 먹는 것에서부터 시작됩니다. 식단을 관리한다는 것은 좋은 음식을 연구하고 찾아서 먹는 것입니다. 이런 점에서 보면 좋은 음식이 건강한 정신을 위한 인문학 공부의 기초라고 생각해도 괜찮지 않을까요?

영국 시인 윌리엄 워즈워드는 '인간은 결심에 의해 올바르게 되어 가는 것이 아니라, 습관에 의해 올바른 모습을 갖추어 나가는 것'이라고 했습니다. 시인의 말처럼 마음이 흔들리고 기록에 게을러질 때, 모임 회원들에게 의지하며 다시 한 번 마음을 다잡고 지속 가능한 지구를 위해 내가 할 수 있는 것이 무엇인지 생각해봅니다. 함께 고민하고 함께 실천하는 것. 그것은 나와 우리를 위하는 것입니다. 앞으로도 잊지 않고 실천하겠습니다.

## 건강 식사(식단)가 무엇인지 알려주는 책 10권

1) 식사에 대한 생각 / 비 윌슨 지음, 김하현 옮김 / 어크로스

2) 존 로빈스의 음식혁명 / 존 로빈스 지음, 안의정 옮김 / 시공사

3) 음식에 대한 거의 모든 생각 / 마틴 코언 지음, 안진이 옮김 / 부키

4) 식탁은 에피쿠로스처럼 / 안광복 지음 / 북트리거

5) 다이어트 불변의 법칙 / 하비 다이아몬드 지음, 강신원·김민숙 옮김 / 사이먼북스

6) 어느 채식의사의 고백 / 존 A. 맥두걸 지음, 강신원 옮김 / 사이먼북스

7) 나의 밥 이야기 / 김석신 지음 / 궁리

8) 헬렌 니어링의 소박한 밥상 / 헬렌 니어링 지음, 공경희 옮김 / 디자인하우스

9) 식사가 잘못됐습니다 / 마키타 젠지 지음, 전선영 옮김 / 더난출판사

10) 식습관의 인문학 / 비 윌슨 지음, 이충호 옮김 / 문학동네

# 관계를 확장하는 법

## 식물 관찰 습관

최선화

최선화: 숭례문학당 강사로 활동하고 있습니다. 동네 꽃집을 마실터로 삼았다가 꽃집 아르바이트까지 한 적이 있습니다. 지금도 책을 읽다가 초록이 생각나면 동네 꽃집에 가서 새로 들어온 화초들과 눈인사를 나누고, 근무지 옆 공원에 가서 아침 운동 길에 만났던 식물들이 한낮에는 어떤 모습을 하고 있는지 관찰합니다. 아이들과 책이야기를 나눈 지 20년을 바라보는 요즘에도 아이들과 식물 책 만들기, 식물 길러 보기를 해마다 거르지 않고 하고 있으며, 반려 식물들을 벗 삼아 지냅니다.

저는 숭례문학당에서 〈식물의 재발견〉 모임을 진행하고 있습니다. 우리 모임은 일상의 따분함과 도시의 분주함 속에서 잠시 벗어나 주변 식물들을 자세히 들여다보는 모임입니다. 우리 모임에는 연둣빛 새순이 너무 예뻐 보기만 해도 입꼬리가 올라가는 분들이 많습니다. 식물을 좋아해서 이것저것 다종다양하게 키우고 계신 분, 좋아는 하지만 키우지는 않는 분, 식물 이름을 비롯해 생태가 궁금한 분, 식물이 주는 위로와 식물과 더불어 나에게 집중하는 시간이 필요한 분, 이런 분들이 함께 하는 모임입니다. 우리는 출근길이나 아침 운동 길, 혹은 하루를 오가며 만나게 되는 식물들을 관찰하고 공유합니다.

심리학자이자 식물 애호가인 케이티 쿠퍼는 자신의 책 『식물이 위로가 될 때』에서 "식물은 영원히 당신 곁에 머물 좋은 친구가 되어 준다. (중략) 삶이 힘들어질 때 위안과 힘, 자기 확신을 회복할 수 있는 은신처가 생기는 셈"이라고 썼습니다. 그는 '식물 키우기는 자신을 돌보는 습관을 내면화하는 데 가장 좋은 훈련 방법'이라며, 심리치료사로서 오랜 시간 활동한 경험을 들려줍니다.

작가에게는 꽤 긴 시간 동안 상담했음에도 좀처럼 자신의 마음을 열지 못한 내담자가 있었습니다. 그에게 토마토 나무 키우기를 권하자 놀랍게도 내담자는 나무의 성장에 따라 마음의 벽을 조금씩 허물기 시작했습니다. 초록빛을 내는 식물이 사람의 마음에 영향을 준다는 사실을 깨달은 것입니다. 이처럼 작가는 식물이 만성 스트레스, 우울증, 불면증, 불안을 없애는 힘을 책을 통해 말합니다. 그리고 급격한 도시화로 자연과 멀어진 현대인에게 자신이 머무는 공간에 식물을 키우고 자주 교감하기를 권하기도 합니다. 식물을 근처에 두기만 해도 치유의 힘을 온전히 느낀다고 했습니다.

우리 모임은 월 단위로 참여 회원을 모집하고 단톡방으로 월요일에서 금요일까지 자신이 기르는 반려 식물이나 야외에서 관찰한 식물 사진을 올립니다. 그리고 두 문장 이상의 짧은 느낌을 글로 남깁니다. 식물 사진은 가능하면 이름을 적어서 올리지만 몰라도 상관없습니다(진행자인 제가 뛰어난 검색 실력으로 이름을 알아보고 다시 알려줍니다). 활동 시간은 아침 8시부터 밤 10시까지이며 회원들은 다른 참가자들이 올린 사진과 글을 읽고 짧은 감상과 응원의 글을 올리기도 합니다. 매월 마지막 주에는 온라인 미팅으로 한 달 동안 나눈 '포토 식물 일기'에 대한 소감을 나눕니다. 운영 방법은 비교적 간단하지만, 매주 5일 동안 하루도 빠짐없이 사진과 글을 남기는 것은 생각처럼 쉬운 일은 아닙니다.

모임 초창기에는 참여자들에게 일정한 미션을 제안하고 수행하도록 했습니다. 모임 중반에는 미션 없이 자유롭게 사진을 올리고 이야기를 나누기도 했습니다. 그런데 미션이 있을 때 좀 더 자세히 관찰하고 기록도 하게 돼서 현재는 미션 중심으로 모임을 꾸리고 있습니다.

이런 곳에서도 돋아났구나 하는 대견한 식물 찾아보기, 아스팔트 사이 보도블록 사이 등 작은 틈에서 살고있는 식물 찾아보기, 힘들 때 위로가 되는 식물 소개하기, 하늘을 바라보며 자라는 식물 사진 찍어 올리기, 추운 겨울이 돼야 그 푸르름을 알 수 있는 상록 관목 소개하기, 주변 식물의 꽃말 알아보기, 내가 자주 가는 장소의 식물 소개하기, 식물의 잎 가장자리 모양을 살펴보고 다양하게 표현하기, 민들레처럼 땅에 붙어 있는 듯 보이는 근생엽(根生葉) 찾아보기, 덩굴 식물 찾아보기, 나무의 수피(樹皮, 껍질) 관찰하기 등 입니다.

몇몇 분들은 "영혼이 풍부해지는 시간을 가졌다" "우리 동네 식물 지도도 만들면 재미있겠다" 등의 반응을 후기로 올려주었습니다. 특히 인왕산 자락에 살던 한 참가자는 실제로 『인왕산의 사계』라는 작은 책자를 직접 만들기도 했습니다.

식물 관찰이 주는 즐거움에는 '정직한 즐거움'도 있습니다. 이 말의 의미는 모름지기 식물 집사가 식물에 맞는 관심과 사랑을 주어야 식물의 성장에 문제가 생기지 않는다는 뜻입니다. 모임을 하며 읽었던 책에서 '칼라데아 무사이카 네트워크'라는 식물을 알게 되었습니다. 익숙하지 않은 이름이었는데, 잎의 패턴이 너무도 아름다운 식물이었습니다. 책에서 이 식물을 보는 순간 키워보고 싶다는 생각이 들었습니다. 바로 인터넷으로 주문을 하고, 플라스틱 화분으로 배송되어 온 네트워크를 토분으로 분갈이를 해준 다음 거실 창가 로얄석에 두고 자주 들여다보았습니다. 그런데 겨울이 접어들면서 무엇이 문제였는지 잎이 갈변(갈색으로 변하는) 하더니 줄기까지 말라갔습니다. 영양분이 부족한가 싶어 영양제도 주고, 병충해에 노출되었나 싶어 꽃집에서 약도 사다 뿌려주었습니다. 하지만 시름시름 하던 네트워크는 나아질 기미가 보이지 않았습니다. 소생이 어렵겠다고 반은 포기한 상태로 두고 있던 어느 날, 지인의 집에서 실내에서는 자라기 어려운 야생화 분재들이 잘 크고 있는 걸 보고서 비법을 물었더니, 통풍이 잘되게 볕 좋을 때 창문도 열어주고 턱잎 등도 수시로 제거해 준다는 얘기를 했습니다. 그 말을 듣는 순간 '나는 화초를 통해 즐거움만 찾으려고 했구나'하는 생각이 들었습니다. 집으로 돌아와 무엇이 문제였는지 다시 한번 점검하고, 과습(물기가 많은)과 통풍 문제를 해결해 주었더니 네트워크 화분에서 연둣빛 새순이 돋기 시작했습니다. 이렇듯 식물을 키우는 것은 생명 하나를 거두는 일처럼 신중하고 꼼꼼하지 않으면 안 됩니다. 그냥 예쁜 장난감 하나 내 곁에 둔다고 생각해서는 안 되고, 생태를 이해하고 그에 맞춰 환경을 꾸며주는 고민을 해야 합니다. 그런 점에서 보면 겨울은 식물이 잘 크기 어려운 환경을 갖고 있는 계절입니다.

겨울이 되면 모임 인원들도 함께 **빠져나가기** 시작합니다. 어느 해에는 겨울 식물 관찰의 즐거움을 초겨울부터 누누이 공지했음에도 많은 분들이 활동을 그만두었습니다. 결국 마지막까지 남은 한 참가자와 식물들의 겨울눈을 관찰하고, 열매만 남아 있는 산수유나 화살나무 사진을 공유하면서 교학상장(教學相長, 가르치고 배우는 과정에서 스승과 제자가 함께 성장함)의 시간을 가졌습니다. 그러면서 추운 겨울바람을 피하고자 납작 엎드린 상태로 겨울을 나는 로제트 식물이나 알뿌리 히아신스도 함께 심고 공유하며 겨울철 식물 관찰 방법을 나눴습니다. 그 분은 산책길에서 만나는 겨울 식물과 함께 겨울을 보내고 나니 식물들이 지난 해와는 전혀 다르게 보인다고 이듬해에 소감을 전해주기도 했습니다.

이야기를 거꾸로 돌려, 제가 식물에 관심을 갖게 된 계기를 말씀드리겠습니다. 식물에 관심을 두게 된 것은 아침 운동 모임을 시작하고서입니다. 공복 유산소 운동을 하고 난 뒤 운동 사실을 사진으로 인증을 해야 하는데 저는 운동 거리를 나타내는 지도 대신 운동하면서 본 식물 사진을 올렸습니다. 그렇게 운동 일기로 꾸준히 기록하다 보니 식물의 변화를 눈으로 직접 확인할 수 있었습니다. 덕분에 집 근처나 자주 운동하는 수원 화성에서 계절마다의 식물의 변화를 가장 잘 아는 사람이 되었습니다. 어느 자리에 있는 산수유나무가 가장 먼저 노랗게 꽃

망울을 터뜨리는지, 꽃다지는 어디에서 먼저 피는지, 수원화성 매화나무는 어디가 가장 개화가 빠른지 등을 누구보다 잘 알게 되었습니다.

식물 관찰을 시작하는 사람들에게 꼭 해 주는 말이 있습니다. "이름을 알고 눈인사를 하세요." 김춘수 시인의 〈꽃〉이라는 시에는 '내가 그의 이름을 불러 주었을 때 / 그는 나에게로 와서 / 꽃이 되었다'는 너무나도 유명한 구절이 있습니다. 길에서 매일 보는 식물이지만 이름을 알고 눈인사와 속말 인사를 나누다 보면 한 그루의 그저 그런 나무나 풀이 아니라 특별한 의미를 가진 생명체가 됩니다. 저는 이를 '관계 형성'이라고 생각합니다. 혼자가 좋거나 혼자가 익숙한 사람 혹은 어쩔 수 없이 혼자인 사람에게 식물은 부족한 '관계'를 만들고 몸과 마음을 건강하게 해줍니다. 코로나 팬데믹 이후 식물 관련 책이 많이 나오고, 사람들로부터 관심을 받았던 이유도 중단된 관계에 대한 보상심리 때문입니다.

"죽을까 두려워요" "제 몸 하나 간수하는 것도 힘든데 식물이라니요" "물 주는 주기를 기억하고 지키는 것이 귀찮아요" "화분에 벌레라도 생기면 어떡하나요" 식물 키우기를 두려워하거나 싫어하는 사람들이 많이 하는 얘기입니다. 이런 분들에게는 다음과 같은 얘기를 들려주고 싶습니다.

"두려워하지 마세요. 식물은 관심과 사랑을 주는 만큼 잘 자라 준답니다. 하지만 명심하세요. 그 사랑과 관심의 무게는 모두 다르다는 것을요. 우리가 관계를 맺을 때 감정의 가감을 잘 조절해야 관계가 무탈하게 오래가는 것처럼 식물도 그 식물만의 특징을 파악하는 것이 중요합니다. 물은 얼마나 좋아하는지, 햇볕은 어느 만큼 필요한지, 바람을 좋아하는지, 추위에는 어느 정도 강한지를 아는 것 말입니다. 한 사람 한 사람이 달라 예민하게 살펴야 하는 것과 같습니다. 그리고 혹 죽었다고 너무 슬퍼하지 마세요. 식물의 죽음 또한 여러분에게 성찰의 시간이 된답니다. 식물에게 어떤 문제가 있었는지, 내가 무엇을 못했는지, 스스로에게 질문하고 답을 찾아가는 동안 관계에 대해 한 번 더 생각하게 됩니다. 여러분을 성장시켜 주는 계기가 됩니다."

아직도 식물 집사가 되는 게 두렵다면 책임에서 조금은 자유로운 주변의 식물 관찰부터 시작해 보세요. 집 주변의 나무나 식물 몇 가지부터 시작하세요. 이름을 몰라도 상관없습니다. 관심을 두다 보면 이름과 여러 특징이 보입니다. 혼자 시작해도 좋고, 모임을 만들거나 이미 있는 모임에 참여해도 좋습니다.

스쳐 지나가던 식물에 눈길 한 번 더 주고, 사진과 글로 변해가는 모습을 꾸준히 기록했을 뿐인데 식물은 저에게 삶의 희로애락을 안겨주었습니다. 때로는 손 꼭 잡고 길을 건너야 하는 막내 동생처럼, 어떤 날은 앞서 걸어가는 든든한 큰 오빠처럼 보이기도 합니다. 어느 날 꽃봉오리라도 발견하는 날에는 가물가물한 기억 속의 첫사랑을 만난 듯 가슴이 설레기도 합니다. 식물을 사랑하고 돌보는 일이 사람을 사랑하는 것과 똑같습니다. 그래서 식물 키우기도 인문학 공부입니다. 식물을 관찰하면서 자신의 마음을 들여다보는 시간을 여러분도 꼭 가졌으면 합니다.

## 식물을 재발견하는 데 도움이 되는 책 10권

1) 식물을 들이다 / 최정윤 지음 / 수작걸다

2) 선인장도 말려 죽이는 그대에게 / 송한나 지음 / 책밥

3) 반려식물 / 차유진 외 지음 / 지콜론북

4) 조금 괴로운 당신에게 식물을 추천합니다 / 임이랑 지음 / 바다출판사

5) 식물이 위로가 될 때 / 케이티 쿠퍼 지음, 신솔잎 옮김 / 빌리버튼

6) 자연의 시간 / 황경택 지음 / 가지

7) 식물산책 / 이소영 지음 / 글항아리

8) 나무 다시 보기를 권함 / 페터 볼레벤 지음, 강영옥 옮김 / 더숲

9) 선생님들이 직접 만든 이야기 식물도감 / 박지환 외 지음 / 교학사

10) 화살표 식물도감 / 김성환 지음 / 자연과 생태

# 중년에 만난 공부의 맛

## 읽고 쓰고 여행하는 습관

최병일

최병일 : 연수원에서 성인 교육을 하다 늦깎이로 대학원에서 경영학을 공부하고, 연수원 경험을 바탕으로 경희대 국제경영대학에서 학생들을 가르쳤습니다. 책을 쓰기 위해 숭례문학당에 들어와 독서, 토론, 글쓰기를 배우며 『당신은 가고 나는 여기』, 『은퇴자의 공부법』, 『아빠, 행복해?』 등의 공저자로 참여했습니다. 청강문화산업대학에서 독서 토론 과목으로 학생들을 가르쳤으며 지금은 지방자치단체, 교육기관, 도서관, 기업에서 독서 토론 동아리 리더를 양성하고 있습니다. 가족 독서 토론을 4년 넘게 진행한 덕분에 KBS1TV 〈다큐온〉에 3대가 출연했으며, 며느리와 함께 『한 지붕 북클럽』을 공저했습니다.

2020년 봄, 코로나19로 뒤숭숭할 무렵 이천시립도서관의 〈신중년 자서전 쓰기〉 프로그램을 맡아서 진행했습니다. 40대에서 70대까지 모두 16명이 글을 쓰는 방법을 배우고 싶다는 생각으로 한자리에 모였습니다. 몇 사람을 제외하고는 모두 처음 만난 분이었습니다. 저는 이들과 함께 한 권의 책을 냈습니다. 『글을 쓰다, 삶을 짓다』라는 제목의 책으로 '이천시립도서관 2020 길 위의 인문학 작품집'입니다. 여기에는 자서전 쓰기에 참여한 분들의 글이 수록되어 있습니다. 모두 자신의 이름이 들어간 첫 책이 생겼다는 사실에 기뻐했지만 우리는 그보다 더 귀한 인연을 만났다는 것에 더 큰 기쁨을 나눴습니다.

  '자서전'이라고 하면 사회적으로 성공한 사람들이 삶을 마무리하는 차원에서 자신의 업적을 기록한다는 고정 관념이 있습니다. 그런 관점에서 보게 되면 아무것도 내세울 것 없는 평범한 사람이, 그것도 중년(40대에 접어든 분들이라면) 정도의 나이에 불과한 사람이 무슨 자서전을 쓴단 말인가 하고 의구심을 갖기 마련입니다. 그런데 자서전을 쓰고 나면 왜 중년에 쓰는 것이 좋은지 알게 됩니다. 초보 운전자는 사이드미러와 백미러를 보지 않고 달리다 큰 사고를 냅니다. 그런데 자서전을 쓰고 나면, 과거에 매여 있던 삶을 청산하고 앞으로 남은 생을 어떻게 살아야 할지 방향이 잡힌다고 이구동성으로 말합니다. 그리고 감춰 두었던 마음의 상처를 드러내고 치유 받을 기회를 얻는다고도 말합니다. 그렇지만 처음에는 친밀감이 없는 사이라 자신의 과거를 털어놓는 것에 꽤 많은 용기를 필요로 합니다. 하지만 잠시 머뭇거리는 시간이 지나고 나면, 누가 먼저라고 할 것도 없이 가면을 훌훌 벗고 자신의 이야기를 합니다. 인생을 한 번쯤 정리하고 되돌아보기 위해 모인 분들이라 스스럼없이 자기 이야기를 하고 다른 사람의 이야기를 들으며 공감도 합니다. 유년 시절을 얘기하고 어릴 때의 추억을 떠올리고 그러면서 다같이 크게 웃어보기도 하고, 가족의 죽음이나 교통사고 이혼 등으로 힘들고 고통스러웠던 이야기를 하면서 눈물을 흘리기도 합니다. 그렇게 웃고 울고 한바탕 털어내고 나면 속이 후련해집니다.

그렇게 서로에게 귀한 인연이 된 우리(자서전쓰기 모임 회원)는 부모, 형제, 배우자, 자녀에게도 털어놓지 못한 이야기를 함께 나누는 사이가 되었습니다. 급기야 모임 마지막 날에는 회장, 부회장, 총무를 뽑고 '발자국'이란 독서 동아리도 만들었습니다. 자서전 쓰기에서 독서 활동으로 모임이 이어진 셈입니다. 그리고 우리는 과감히 혼자서는 읽기 부담스러운 벽돌 책 읽기에 도전했습니다.

2020년 11월 20일부터 첫 책으로 독일의 문학평론가인 마르셀 라이히라니츠키가 쓴 자서전『나의 인생』부터 읽기 시작했습니다. 독서 모임의 운영은 다른 모임과 크게 다르지 않습니다. 새벽 6시, 오늘 읽어야 할 책의 범위와 안내 글을 운영자인 제가 밴드에 올립니다. 회원들은 자정까지 책을 읽고, 인상적인 부분을 뽑은 발췌문과 짧은 단상을 써서 올립니다. 그러면 다른 회원들이 시간 나는 대로 읽고 댓글로 의견을 남깁니다. 이렇게 하다 보면 같은 부분을 읽고서도 서로가 다른 생각을 하는 것을 보면서 자신의 사유 또한 넓어짐을 알게 됩니다.

독서 모임을 시작하고 첫 책을 완독하기까지 자그마치 41일이 걸렸습니다. 아마 혼자서 읽었다면 두꺼운 분량에 쉽게 완독하지도 못했을 것입니다. 다른 책들도 마찬가지입니다. 함께 읽었기 때문에 완독할 수 있었고, 책 속의 등장인물도 기억하고 줄거리뿐만 아니라 문맥의 의미도 더 살피게 되었습니다. 이런 경험은 돈을 주고도 살 수 없는 값진 것입니다. 어떤 회원은 자신이 평생 글쓰기를 해왔다고 자부했는데, 단상 쓰기를 하면서 형편없는 실력을 갖춘 자신을 보게되었다고 고백하기도 했습니다. 그분이 그렇게 고백을 할 정도로 못 쓰는 것은 아니지만, 누구나 좋은 글을 쓰기 위해서는 더 많이 읽고 생각해야 한다는 사실을 깨닫는 시간이었습니다.

정민 교수가 쓴『삶을 바꾼 만남』은 스승 다산과 제자 황상의 감동적인 만남이 담겨 있습니다. 동아리 회원들과 함께 인문학 기행을 시작하는 계기가 된 책입니다. 책이 끝나갈 무렵 모두 강진의 다산 초당을 가보자는 의견을 냈습니다. 일종의 인문학 기행을 한 번 가보자는 것이었습니다. 그래서 강진군에서 문화 해설을 가장 잘한다고 소문이 난 이을미 해설사를 소개받고 첫날은 백련사, 다산초당, 다산박물관, 영랑 생가를 돌아보고 둘째 날에는 호남 3대 정원 중 하나인 별서정원, 녹차밭, 무의사, 가우도, 강진만 생태 공원을 돌아보았습니다. 그리고 첫날 밤 저녁에는 한자리에 모두 모여 간단한 여행 소감을 나누었습니다.

첫 번째 인문학 기행 이후 유홍준의 『추사 김정희』도 함께 읽고 추사의 고택이 있는 충남 예산으로 두 번째 인문학 기행을 떠났습니다. 함박눈이 내리는 날 도착해서 해설사의 안내를 받았습니다. 함께 책을 읽으며 발췌문을 뽑고 단상까지 쓴 덕분에 해설사의 말이 귀에 쏙쏙 들어왔습니다. 제주도에서 추사가 보낸 귀한 편지를 동네 사람들이 담배를 말아 피웠다는 해설을 듣고는 안타까움에 발을 동동 구르기도 했습니다. 고택 뒤뜰에 핀 설중매를 보고는 감탄사를 연발하며 추운 줄도 모르고 연신 카메라 셔터를 눌렀습니다.

조원재의 『방구석 미술관』은 방구석에서 뛰쳐나와 미술관을 찾게 한 책입니다. 수박 겉핥기로만 알고 있었던 화가들의 삶을 이해하는 시간이었습니다. 개인적으로는 강원도 양구에 있는 박수근 미술관을 방문한 적이 있었지만, 책을 읽고 다시 방문했을 때의 감동은 몇 배 이상이었습니다. 때마침 덕수궁

국립현대미술관에서 박수근 미술 전시회가 있다는 소식을 접하고는 다 같이 그곳을 다녀오기도 했습니다. 전쟁이 끝나고 어려운 시기에 우리 이웃들의 모습을 그린 작품을 보며 모두 눈시울을 붉혔습니다. 인간의 선함과 진실함을 표현하기 위해 노력한 작가의 숨결이 느껴졌습니다.

송우혜의 『윤동주 평전』을 읽고서는 서울 창의문 옆 윤동주 문학관을 찾았습니다. 문학관은 우물을 생각나게 했습니다. 용도 폐기된 가압장(수도 시설)은 윤동주 시인을 그리워하는 사람이 찾아오는 문화 공간으로 탈바꿈되어 있었습니다. 중국 용정 명동촌의 윤동주 생가에서 가져왔다고 하는 우물 테두리, 하늘이 보이는 열린 우물과 보이지 않는 닫힌 우물은 시인의 마음을 잘 표현한 전시물이었습니다. 문학관을 나와 서울 시내를 내려다볼 수 있는 시인의 언덕에서는 윤동주 시인의 시를 한 편씩 돌아가며 낭독하기도 했습니다. 그리고 윤동주의 하숙 터와 종종 산책을 하고 세수를 했다는 수성동 계곡에도 가보았습니다. 그리고 인근에 있는 박노수 미술관에도 들렀습니다. 일제 강점기에 매국노 윤덕영이 나라를 판 대가로 돈을 받고서 벽수산장이라는 저택을 지었다고 합니다. 광복 후 서울대학교 박노수 교수가 구입하고 40년 가까이 살다가 작품 1,000점과 함께 종로구에 기증해 새로 태어난 곳입니다. 미술관을 돌아보며 집의 부활을 생각하기도 했습니다.

자서전 쓰기 모임으로 만난 우리가 함께 독서 모임을 하고 답사 여행을 하게 된 이야기까지 풀어보았습니다. 회원들과 함께 책을 읽고 글을 쓰고 여행을 다니는 일은 여전히 현재 진행형입니다.

진정한 여행은 여행지에서 사람을 만나는 것이라고 생각합니다. 삶의 흔적, 특히 깊은 통찰의 흔적이 배어 있는 장소는 몸의 모든 감각을 일깨우는 생생한 느낌을 줍니다. 책으로 전해 받는 것과는 완전히 다릅니다. 책은 많은 것을 알려주지만, 매우 제한적인 정보나 지식밖에 알려주지 않습니다. 하지만 그 장소에 직접 가보면 책에서 알려주는 것 이상으로 수십 배, 수백 배의 깊은 감동을 얻습니다. 저는 책에서 머물지 말고 책이 알려주는 장소와 공간으로 직접 다녀보는 수고를 아끼지 말아야 진짜 인문학 공부에 한 발 더 다가간다고 생각합니다.

저와 함께 책을 읽고 여행을 하는 회원들은 이구동성으로 학교 다닐 때는 절대 느껴보지 못한 공부의 맛을 제대로 느끼고 있다고 말합니다. 혹자는 '마음의 평화'를 찾았다고도 합니다. 욕구를 채우지 못해 오는 좌절, 다른 사람들과 비교하는 데서 오는 열등감, 현대인이라면 누구나 겪는 여러 가지 관계에서 오는 스트레스 등. 이런 것들에서 벗어나 평화를 얻을 수 있는 것도 책과 여행이 주는 선물입니다.

내 마음에 평화가 깃들게 되면 타인의 입장을 먼저 생각해보는 여유가 생깁니다. 달라이 라마는 『당신은 행복한가』에서 다른 사람을 행복하게 할 때 진정한 행복이 찾아온다고 썼습니다. 함께 읽고 쓰고 여행하면서 우리는 진정한 행복감을 서로에게 선물하고 있습니다.

## 50 이후 꼭 읽어야 할 책 10권

1) 이어령의 마지막 수업 / 김지수·이어령 지음 / 열림원

2) 비폭력 대화 / 마셜 B. 로젠버그 지음, 캐서린 한 옮김 / 한국NVC센터

3) 당신이 옳다 / 정혜신 지음 / 해냄

4) 변신 / 프란츠 카프카 지음, 전영애 옮김 / 민음사

5) 프로페셔널 스튜던트 / 김용섭 지음 / 퍼블리온

6) 고리오 영감 / 오노레 드 발자크 지음, 박영근 옮김 / 민음사

7) 이반 일리치의 죽음 / 레프 톨스토이 지음, 이강은 옮김 / 창비

8) 삶을 바꾼 만남 / 정민 지음 / 문학동네

9) 윤동주 평전 / 송우혜 지음 / 서정시학

10) 담론 / 신영복 지음 / 돌베개

숭례문학당

숭례문학당은 함께 읽고, 쓰고, 이야기 나누는 독서공동체로 인문과 예술을 공부하는 평생 학습 공간입니다. 말과 글로 삶과 세상을 제대로 읽고 쓰며 상상하는 일의 가치에 눈뜬 사람들이 모여 담소하고 교류하며 서로를 성장시키는 곳입니다.

독서는 인간의 가장 창조적 활동 가운데 하나입니다. 자신의 역량을 총동원해 읽으며 탐구하고 재창조하는 행위입니다. 그러나 독서(讀書)가 독서(獨書)에 그치면, 독서(毒書)가 됩니다. 숭례문학당은 골방의 독서를 광장의 독서로, 평면적 독서를 입체적 독서로 바꾸는 독서토론 활성화에 힘을 기울이고 있습니다.

독서토론은 혼자만의 읽기에서 함께 읽기로 나아가게 합니다. 다른 사람의 의견과 가치관을 들으며 자신의 의견을 논리적으로 쓰고 말할 수 있도록 하는 훈련이기도 합니다. 숭례문학당이 읽기, 쓰기, 말하기 프로그램에 역점을 두는 이유도 여기에 있습니다.

숭례문학당의 독서토론 프로그램은 '비경쟁'을 지향합니다. 비경쟁 독서토론은 참여한 사람들 모두 평등하게 대화하고 자기 생각을 강요하지 않습니다. 그럼으로써 우리가 얼마나 다양한 사람과 살고 있는지 배우고 이해합니다.

숭례문학당은 이론에 그치지 않는 다양한 실전 경험을 통해 참여하는 사람들 모두가 읽기, 쓰기, 말하기는 물론 토론 진행과 논제 발제 능력을 향상하도록 지속적인 연구 활동을 계속해 나가고 있습니다.

**일상 인문학 습관 : 내 안의 거인을 깨우는**

**초판 1쇄 발행** 2023년 3월 20일

**지은이** 숭례문학당 리더 19인

**발행인** 김옥정
**편집인** 이승현
**디자인** 디스커버

**펴낸곳** 좋은습관연구소
**주소** 경기도 고양시 후곡로 60, 303-1005
**출판신고** 2019년 8월 21일 제 2019-000141

**이메일** buildhabits@naver.com
**홈페이지** buildhabits.kr

**ISBN** 979-11-91636-52-9(13300)

**좋은습관연구소에서는 누구의 글이든 한 권의 책으로 정리할 수 있게 도움을 드리고 있습니다. 메일로 문의주세요.**